贵安史迹
贵安文物资源调查报告

贵州省文物考古研究所 编著

科学出版社
北京

图书在版编目(CIP)数据

贵安史迹：贵安文物资源调查报告 / 贵州省文物考古研究所编著. — 北京：科学出版社, 2019.9
ISBN 978-7-03-062192-4

Ⅰ.①贵⋯　Ⅱ.①贵⋯　Ⅲ.①文物–资源–调查报告–贵州　Ⅳ.①K872.73

中国版本图书馆CIP数据核字(2019)第186463号

责任编辑：柴丽丽　吕　治 / 责任校对：邹慧卿
责任印制：肖　兴 / 书籍设计：北京美光设计制版有限公司

科 学 出 版 社 出版
北京东黄城根北街16号
邮政编码：100717
http://www.sciencep.com

北京华联印刷有限公司 印刷
科学出版社发行　各地新华书店经销
*

2019年9月第 一 版　开本：889×1194　1/16
2019年9月第一次印刷　印张：28 1/2
字数：793 000

定价：538.00元
(如有印装质量问题，我社负责调换)

主　编

周必素

执行主编

张兴龙

前 言

贵安新区，是国务院于2014年1月6日批复成立的中国第八个国家级新区，有着建设西部地区重要增长极、内陆开放型经济新高地、生态文明示范区三大战略定位，一座地处中国西南腹地的新型城市正在诞生。贵安虽新，历史却久却厚却丰。

贵安新区地处黔中腹地，是典型的喀斯特地貌地区，地貌以丘原盆地为主，低矮的岩溶丘陵与开阔的溶蚀盆地和峰林盆地交错分布。境内河网密布，水源丰富，土壤肥沃，是贵州境内地势最为平坦、生态环境最为优越的地区之一。这样的生态环境既能为古代的狩猎采集者提供充足的动物和植物资源，又能为晚期转型农业生产提供充足的耕地和便利的水源，能在人类社会的不同时期，为不同生业形态的人们提供丰富的给养，确保了从旧石器时代以来文化发展的连续性。

地处黔中腹地的贵安新区，自古即是中国西南地区东西南北交通的交汇地，具有独特的区位优势。战国时期，楚顷襄王即派庄蹻带兵溯沅水，通过黔中郡向西南进攻，克且兰，征夜郎，直至滇池地区。汉武帝时，即纳唐蒙建议，设置犍为郡，修筑从棘道至夜郎牂牁江流域的南夷道，自此向西可至滇、向南可达南越地区。交通的融会贯通，促成了该地区文化的融合与多样性发展。该地区有密集的汉墓分布，亦有岩洞葬等丧葬形式，产自巴蜀的漆器和产自东南亚的玛瑙宝石等在该地区汉晋时期墓葬里频繁出土。由于朱元璋征南和随后的调北填南，从江南随军或经商到此的军士、商人及其家眷的屯堡建筑及其相关遗存，至今仍保存完好。

贵安新区由于其独特而优越的自然生态环境和区位优势，在历史的各个阶段都留下了大量的物质文化遗存，有着丰富的历史文化资源。在新区建设进程中，积极践行习近平主席在关于城镇化加速过程中"只有坚持从历史走向未来，从延续民族文化血脉中开拓前进，我们才能做好今天的事业""历史文化是城市的灵魂，要像爱惜自己的生命一样保护好城市历史文化遗产""保护好古建筑、保护好文物就是保存历史，保存城市的文脉"的要求，省、区两级党委、政府及相关部门都非常重视文化遗产的挖掘和保护，积极贯彻"保护为主、抢救第一、合理利用、加强管理"的文物工作方针，用考古的手段，努力追寻贵安的历史足迹和梳理历史文脉，注重文化底蕴的挖掘和城市文化品牌的塑造。

资源普查，是最基础和前沿的工作。该项工作围绕两个方面展开。一是配合贵安新区基本建设积极推进考古工作。贵安新区是贵州配合基本建设开展考古工作最早的地区，始于1954年，贵州省博物馆考古队在羊昌河水利工程建设中发现了汉代文物，首次在贵州境内发现了汉代墓葬，首次证明了中央王朝在汉代已经对贵州腹地实施有效的管辖。贵安新区成立以来，为配合交通、园区、安置点、水库建设项目等的考古工作，对施工范围和周边地区进行调查勘探和发掘，新发现了系列洞穴遗址、马场杨家桥魏晋南朝至唐代墓葬群和夏云镇汉墓群等重要遗存。二是为配合新区建设，贵州省文物考古研究所联合中国社会科学院考古研究所、四川大学历史文化学院、成都文物考古研究院等高校和科研院所，在既往工作的基础上，对贵安新区境内的文物资源又进行了一次更为详尽、彻底的区域性普查，取得了重要收获，共发现文物点400余处，其中史前洞穴100余处，汉晋时期遗址、墓葬20余处，宋元明清时期营盘、碉楼、民居、宗祠、牌坊等文物点240余处，较为精美的近代碉楼、民宅40余处，为贵安新区文化遗产的保护和利用工作奠定了资源基础。

考古发掘，代表着为配合新区建设的文化遗产保护工作向纵深发展，主要是围绕能解决相关重大学术问题的史前洞穴遗址和墓葬展开，取得了重大收获。1956～1959年，贵州省博物馆对原清镇县、平坝县交界处的160多座墓葬进行了清理，墓葬年代自汉代至宋代；1964～1965年，在马场镇清理东晋南朝至唐宋时期的古墓葬34座，出土了大量珍贵文物；1981年，对平坝飞虎山洞穴遗址进行了发掘，第一次在今贵安新区境内发现了史前洞穴遗址，^{14}C测定的最早年代为距今约13000年。2012～2019年，贵州省文物考古研究所联合中国社会科学院考古研究所对贵安新区马场镇牛坡洞遗址进行了考古发掘，2017年4月，经过多轮评选，牛坡洞遗址入选2016年"全国十大考古新发现"。2014年，贵州省文物考古研究所联合四川大学历史文化学院、成都文物考古研究院对贵安新区马场镇大湾洞遗址进行了考古发掘。2016年，贵州省文物考古研究所联合四川大学历史文化学院、成都文物考古研究院对贵安新区进行洞穴遗址调查时，在贵安新区高峰镇发现招果洞遗址，并于2017～2019年对招果洞进行了考古发掘，招果洞遗址入选2018年"中国重要考古发现"。

宣传推广和成果的出版，能够扩大贵安新区文化遗产的社会影响，助推贵安新区文化氛围的营造。我们在考古工作的推进中，依托考古发掘现场，开展了内容丰富、形式多样的公众考古活动。我们组织学生、志愿者等体验调查钻探、考古发掘、石器打制、钻燧取火、植物浮选等，培养学生、志愿者的考古兴趣。在"中国（贵州）第二届国际民族民间工艺品博览会"期间举办了贵安新区考古成果展，并编辑出版了《黔中遗珍——贵安新区出土文物精粹》一书。为了对贵安新区史前相关学术问题以及对公共考古理论时间的探索，先后举办了"文脉所系、人文贵安国际学术研讨会"和"第六届中国公共考古贵州论坛"等学术会议，均取得了良好效果。此外，还拟于贵安新区建设永久性公共考古活动阵地——贵州省公共考古中心，并结合考古成果，向社会民众展示考古工作自田野发掘、室内整理、修复绘图、研究到成果出版的全过程，让考古走进大众的学习和生活，通过考古，让大众近距离接触文物，触摸历史，弥补贵州历史文献记载不足的短板，让大众更深入地了解贵州历史，传播贵州的历史文化知识，提升贵州文化自信，增强贵州文化竞争力。

保护和利用，促进文化遗产的永续利用和社会效益的最大化转换。随着考古调查发现和发掘收获的不断丰富，贵安文化资源的社会影响不断扩大，文化遗产保护意识得到加强。在省发展改革委员会、省文化厅文物局、贵安新区党工委和管委会的重视和支持下，2014年，贵州省文物考古研究所周转库房、整理基地（贵州省公共考古中心）暨贵安新区杨家桥魏晋南北朝遗址博物馆筹备基地项目经贵州省发改委批复获准立项。拟依托贵安新区考古资源在贵州境内所具备的独特性、连续性、完整性等特征，将全省出土的考古资源集聚贵安，使其兼具公共文化和研究功能，为贵安新区的文化建设注入新的活力。为加大文化遗产的保护和利用，为打造文化品牌和促进文旅融合奠定基础，2018年8月，牛坡洞遗址、招果洞遗址、杨家桥墓地被贵州省人民政府公布为贵州省省级文物保护单位，并根据资源特色，提出了依托杨家桥魏晋南北朝墓葬群建设遗址博物馆以及依托牛坡洞遗址、招果洞遗址和高峰山山脉洞穴遗址群建设中国南方喀斯特洞穴考古遗址公园的设想，一旦建成，将对贵安新区文化品牌的打造、旅游资源的整合、城市文化竞争力的提升等方面均能起到巨大的推动作用。

基于以上工作的基础和成果，将贵安新区文化遗产资源普查成果汇编成《贵安史迹——贵安文物资源调查报告》一书，全面展示贵安新区的文化遗产资源，既是对贵安新区的宣传，亦为贵安新区今后文化遗产的保护和利用工作奠定基础。

本书选择了340处不同时代的文物点进行简要介绍，按时代可大致分为史前洞穴遗址、汉晋至明清遗址和墓葬、古民居和碉楼、近现代重要设施等类型。

其中，史前洞穴遗址包含旧石器时代、旧新石器时代过渡时期、新石器时代至商周时期三个时期的遗址。黔中地区，是贵州洞穴遗址分布最为密集的地区之一，呈现出延续时间长、空间分布密集、出土遗物丰富等特点。黔中地区的人类穴居历史延续时间很长，据目前发现，至迟从距今3万多年的更新世晚期一直延续至商周时期。基于狩猎采集生计模式的洞居和基于生产型经济的定居迥然有别，人类在同一个洞穴内的居住具有不可持续性，一个洞穴遗址实际上是一次小范围流动的短暂栖息地，等到周边动植物资源耗尽后，穴居者不得不去寻找更加丰富的资源和更为舒适的洞穴。从空间分布看，洞穴遗址往往集中分布在坝子这样的地理单元中，与洞穴的分布和洞穴本身的朝向、洞穴是否平坦、洞穴是否干燥以及河流分布等条件密切相关。贵安新区的洞穴密集性、环境优越性和资源丰富性，为古人类在此的稳定生活提供了优越条件。从已发掘的洞穴遗址分析，贵安新区旧石器时代至新石器时代的居民，主要延续了狩猎采集的生业形态。仅在贵安新区直管区的马场、高峰、湖潮、党武四乡镇，就发现洞穴遗址38处。整个贵安新区规划区范围内共计发现100余处洞穴遗址，目前发掘的高峰镇岩孔村招果洞遗址、马场镇平寨村牛坡洞遗址，出土了大量古人类遗物，包括石制品、骨器、角器、陶片、动物骨骼等，以及火塘、墓葬等遗迹。根据已经取得的成果，古人类至少在距今3万年左右便开始在洞穴中繁衍生息，在洞穴中居住的历史至少可以一直延续到距今5000~4000年。数万年间的积累，先民们充分开发利用各种野生动物和植物资源，形成了独特的环境适应策略，创造了有别于大河平原居民的灿烂的山地文明。

汉代遗存在这一地区分布尤为密集，本书选取了3处汉代聚落遗址和18处墓地进行介绍。汉代是一个经济大发展、民族大融合的时期，自西汉武帝开拓西南夷始，贵州逐渐纳入汉王朝版图，从本地汉代遗址的年代和密集程度分析，此地是汉人进入贵州腹地的重要据点，之所以最先选择此地作为根本，一是此地开阔的坝子和充沛的水源十分适宜农耕，另外一个原因可能是这一地区地处川渝南下两广和横贯东西的交通要津。

贵安新区马场镇周边发现有大量魏晋南朝时期高等级墓葬。贵安新区的魏晋墓葬中中原文化的影响依然强烈，表现在器物组合上较为明显，出土较多鸡首壶、水注等典型器物。出土的茶具和酒具，显示出那个时代崇文尚玄、嗜茶乐饮、狂放不羁的时代风格。此时期也开始出现较为浓郁的地方风格，墓葬多以石室墓为主，不见当时中原地区盛行的墓志铭和买地券，陪葬品中出现大量的饰品，包括金、银、玛瑙、琥珀等各种材质。贵安新区马场镇周边密集分布的魏晋时期高等级墓葬，或即说明当时的大族崛起以及这一区域在魏晋时期很可能是一个区域性中心，或许是黔中城市群的发端，如若，则在贵安新区城市发展史上有着非常重要的意义。

唐代遗存在西南地区普遍发现较少，但在马场镇附近却零星发现有唐代墓葬的线索，是目前贵州发现唐代遗存的唯一区域，是能完整构建起贵州历史考古学文化发展序列的唯一区域。宋至明清时期的遗存数量、类型都较多，包括墓葬、卫所、城墙、寨门、民居、古井、古泉、宗祠牌坊、宗教遗址、碑刻、营盘、洞屯、碉楼、古道、古桥、矿冶遗址、水利等，大致可分为防御设施、生产生活设施、交通设施、宗教设施等几个大类。

通过以上各时段遗存的发现，大致梳理出了贵安新区自旧石器时代至明清时期的历史文化脉络。史前时期，优越的环境风貌和自然资源，孕育了丰富的史前洞穴文化遗存。考古发掘的一座座墓葬，出土的一件件文物，逐渐揭开了汉代贵安神秘的面纱：青铜时代唱响了最后的欢歌，青铜器制作精良，造型优美，散发着独有的魅力；铁器时代逐渐拉开帷幕，铁器在兵器、生产、生活等领域得到推广；制瓷业发展日新月异，施釉陶器精彩纷呈；装饰品也是来自疆域内外，小巧玲珑。在汉文化进入以后，贵安新区迈开了本地少数民族与中原迁徙而来的汉民族融合的步伐，各民族之间相互交流，共同形成了今天各民族大杂居、小聚居的分布格局，促进了文化的多样性发展。

目 录

前言／ii

择洞而居

旧石器时代／002
马鞍山南洞遗址..................002
大屯大洞遗址..................003
双碉遗址..................005
城门洞遗址..................007
马武牛洞遗址..................008
毛栗园大洞遗址..................009
观音洞遗址..................010
环园洞遗址..................011
扁嘴洞遗址..................013
龙井大洞遗址..................015

旧新石器时代过渡／017
牛坡洞遗址..................017
招果洞遗址..................020
大湾洞遗址..................023
洞门前遗址..................026
何家关熬硝洞遗址..................028
何家关洞穴遗址..................030
大洞安置区大洞遗址..................034
徐家岩洞遗址..................036
打鼓洞遗址..................037
金银上洞遗址..................039
火石洞遗址..................041
龙天大洞遗址..................043
大岩洞遗址..................044
猫猫洞遗址..................046
张口洞遗址..................048

麻雀洞遗址..................049

新石器时代至商周时期／050
癞山上洞遗址..................050
仙人洞遗址..................052
大坝大洞遗址..................054
下坝洞遗址..................055
飞虎山洞穴遗址..................056
胡家洞遗址..................057
老李洞遗址..................058
马洞遗址..................059
白洞遗址..................061
穿洞遗址..................062
吊洞脚南洞遗址..................063
三叉洞遗址..................064
犀牛洞遗址..................066
牛角洞遗址..................067
大观洞遗址..................069
湖坝大洞遗址..................070
杨家湾洞穴遗址..................072
白虎关洞穴遗址..................074
洞脚遗址..................075
坡墩洞遗址..................076
穿洞山遗址..................078
对门寨牛洞遗址..................082

汉唐风韵

汉代聚落／086
金家大坪遗址..................086
赖坟包遗址..................087
营盘顶遗址..................088

墓葬／089

大西桥汉墓群 089
金家大坪汉墓群 090
赖坟包汉墓群 091
老鸡场汉墓 092
芦荻哨墓群 093
平林汉墓群 094
平桥汉墓群 095
平庄汉墓 096
土门寨汉墓 097
肖家庄汉墓群 098
新堡汉墓群 099
琊珑坝墓群 100
营盘汉墓 101
余家龙滩墓群 102
沙坡、杨家桥墓群 103
万人坟墓群 106
夏云尹关、母猪龙潭墓群 112
熊家坡墓群 115
大松山墓群 119
平坝棺材洞 121

夷夏并流

卫所、城墙／124

旧州城墙 124
镇山石墙 125
云山屯屯墙 126
平坝卫遗址 128
威武所遗址 129

寨门、老宅、过街楼、碉楼、戏台、钟鼓楼／130

云山屯本寨寨门 130
马硐堡寨门 131
场边寨寨门 132
旧寨寨门 133
石板房东城门 134
泰来寨门 135
元方村寨门 136
骆家桥寨门 137
彭官村寨门 138
芒种屯门遗址 139
杨氏宅 141
张氏宅 142
班仕荣宅 143
李氏宅 144
任氏宅 145
叶守云宅 146
刘锡九宅 147
谷家宅 148
孙家宅 149
李邦贤宅 150
金祈珍宅 151
杨鸿宅 152
王家宅 153
宋德坤宅 154
朱家宅 155
柏祖强宅 156
李美光宅 157
徐开贵宅 158
王俊业宅 159
王柏坦宅 160

朱盛谋宅	161
康寨过街楼	162
猛贡碉楼	163
曹家碉楼	164
云山屯戏台	165
西街钟鼓楼	166

名人故居／167

吴中蕃芦荻村故居	167
吴中蕃龙山村旧居	168

墓葬／170

坟坝脚墓群	170
七所将军坟	172
顾成墓	173
旧州土官知州张公墓	174
吉昌屯墓群	175
小山寨墓群	176
刘民爱墓	177
吴中蕃墓	178
吉昌屯和尚墓塔	179
谷国玉墓	180
陈法墓	181
戴宇□墓	182
张尔弼合葬墓	183
杨体元墓	184
张彦墓	185
杨运元合葬墓	186
太监坟	187
胡宗碧墓	188
裴太君墓	189
王文汉烈士墓	190
刘太夫人墓	191
简思曾墓	192
龚寿昌合葬墓	193
魏长卿墓	194
杨大廷墓	195
董佩墓	196
施耀廷合葬墓	197

马嘉懋墓	198
柏登杨墓	199
洞洞坡墓群	200
花鱼井墓群	201

古井、古泉／202

南门大井	202
北门大井	203
城南月亮井	204
东门大井	205
张官屯井	206
天龙大井	207
旧州东门井	208
马槽井	209
中所井	210
花园吊井	211
张家井	212
本寨月亮井	213
皇历井	214
齐家井	215
虾儿井	216
杨柳哨井	217
水洞井	218
夏官屯大井	219
白岩井	220
岩底井	221
新龙井	222
山岚湾井	223
老塘关吊井	224
大坡脚小井	225
兴隆吊井	226
长山井	227
庙龙潭	228
来考坝井	229
九溪井	230
喜客泉	231

宗祠、牌坊／233

金氏宗祠	233

越氏祠堂	234
罗氏宗祠	235
黄氏宗祠	236
宁远宗祠	237
叶氏宗祠	239
徐氏祠堂	240
大梨树石牌坊	241

宗教遗址／242

清凉洞遗址	242
高峰山遗址	243
伍显寺	245
华严寺遗址	246
玉丹山寺	247
伍龙寺	248
大佛寺遗址	250
王家寨青龙寺遗址	252
永丰寺	253
白马寺遗址	254
狮子山寺遗址	255
云鹫山寺	256
龙眼山寺遗址	257
钟灵山寺遗址	258
武林寺遗址	259
天竺寺遗址	260
回龙寺	262
兴林寺	263
龙凤山寺遗址	264
清真寺	265
云峰寺	266
无量寺	267
三教寺	268
吉祥寺	269
南斗青龙寺	270
本寨青龙寺	271
龙泉寺遗址	272
五显庙	273
二郎神庙	274
财神庙	275

清元宫	276
行宫房	277
崇文塔	278
文昌阁	279

摩崖石刻、碑刻／281

高峰山西来面壁摩崖	281
金齿画马岩	282
柔远城青龙寺常住碑	283
小羊艾碑	284
隆兴场碑	286
嘉禾寨碑	287
谷坝纳乡规民约碑	288
泰来乡规民约碑	289
坤山告示碑	290
晓谕碑	291
龚氏诰封碑	292
翁岗乡规民约碑	293
玉磷山碑记摩崖	294
镇妖石幡	295

营盘／296

新寨营盘遗址	296
党武营盘遗址	297
下坝营盘遗址	298
广兴营盘遗址	299
芦官营盘遗址	300
思丫营盘遗址	301
汪官营盘遗址	302
车田营盘遗址	303
葵林营盘遗址	305
翁岗营盘遗址	306
摆头山营盘遗址	308
茅草营盘遗址	310
元方营盘遗址	312
摆寨营盘遗址	313
龙井营盘遗址	314
革里场营盘遗址	315
摆门营盘遗址	316

大坝井营盘遗址 ... 317
小屯脚营盘遗址 ... 318
晓礼山营盘遗址 ... 319
木叶屯营盘遗址 ... 320
岩上营盘遗址 ... 321
屯军山遗址 ... 322
海螺屯遗址 ... 324

洞屯／326
上寨躲匪洞遗址 ... 326
上寨仙人洞遗址 ... 327
下车田仙人洞遗址 ... 328
西陇大洞遗址 ... 329
大院上洞屯墙遗址 ... 330
高碉坡洞屯遗址 ... 331
大花洞洞屯遗址 ... 332

古道／333
旧州西门古道 ... 333
龙井古道 ... 334
詹家屯古道 ... 335
二铺古道 ... 336
沙锅古道 ... 337
望城坡古道 ... 338
驼背关古道 ... 340
大转弯古道 ... 342
大狗场古道 ... 343

古桥／344
天宝桥 ... 344
摆勺桥 ... 345
西清桥 ... 346
麦翁桥 ... 347
猫场桥 ... 348
七甲桥 ... 349
平寨桥 ... 350
邢江大桥 ... 351
积善桥 ... 352
果洛桥 ... 353

庙山桥 ... 354
十朱桥 ... 355
应子桥 ... 356
元方桥 ... 357
延寿桥 ... 358
焦家桥 ... 359
茅草桥 ... 360
水月寺桥 ... 361
左蒋小桥 ... 362
三铺大桥 ... 363
马鞍山桥 ... 364
复龙桥 ... 365
魏家桥 ... 366
洛阳桥 ... 367
云山屯筒桥 ... 368

矿冶／369
熬硝洞遗址 ... 369

水利／371
鲍家屯水利工程 ... 371

近现代遗迹

教育设施／374
陇巴小学教学楼 ... 374
天龙学堂旧址 ... 375
永兴学堂旧址 ... 377

老宅、碉楼／378
包家大院 ... 378
梅进奋宅 ... 380
宋祖全宅 ... 381
王兴成宅 ... 382
四世同堂老宅 ... 383
老演武堂 ... 384
陈德富宅 ... 385
金正恒宅 ... 386

沈华清宅	387
杨承芝宅	388
杨汝康宅	389
鲁大东宅	390
徐开贵宅	391
毛氏大宅	392
刘叔华宅	394
曹家碉楼	395
陈家碉楼	396
杜家碉楼	397
胡朝忠碉楼	398
黄家碉楼	399
黄家水碾碉楼	400
王家碉楼	401
金守仟碉楼	402
金守兴碉楼	403
金兴强碉楼	404
金志刚碉楼	405
浪竹坝刘家碉楼	406
王尚义碉楼	407
尾巴寨刘家碉楼	408
小屯街碉楼	409
叶家碉楼	410
邹家碉楼	411
蒋家碉楼	412
钟山碉遗址	413

名人故居／414
陈蕴瑜故居 ... 414

碑刻／416
山林禁止碑 ... 416
王官庄乡规碑 ... 417
戏楼碑 ... 418
新寨禁碑 ... 419

考古人说贵安

牛坡洞考古记 ... 422
在山丘与平坝之间的文明 ... 425
大汉一统 ... 428
浅谈千年文物　品味那时马场 ... 430
"四海如一家"
　　——从考古学角度浅析唐代对贵州地区的开发 ... 432
贵州处处有宋意 ... 434
翻山越岭来找你
　　——贵安新区考古调查纪实 ... 436
与古人同行
　　——来一场说走就走的考古之旅 ... 439

后记／441

贵安新区所处的黔中丘原盆地区的地貌形态是在新生代喜马拉雅造山运动之后的山盆期开始形成的。黔中丘原盆地区地处贵州高原的第二个阶梯面上，海拔1000～1500米，地貌环境是以岩溶丘陵和石灰岩孤山为主，间夹小型岩溶盆地，俗称坝子。坝上地势平坦，土壤肥沃，境内主要河流有三岔河、老营河、乐平河、羊昌河等，属长江水系。年均气温18.3℃，1月平均气温6℃，最低温度-7.4℃，7月平均气温23.5℃，属亚热带季风性湿润气候。

贵安新区自然环境优越，喀斯特地貌发育，形成了众多的天然洞穴，成为古人类天然的栖息地和庇护所，从目前的考古资料可知距今3.8万年开始，便有人类在贵安新区择洞而居、繁衍生息。目前，在贵安新区1795平方千米范围内共发现史前洞穴遗址129处，分布的密度很大，通过对这些洞穴遗址的发掘与研究，我们逐渐了解了黔中地区的史前人类社会的整体面貌和发展脉络。在这片充满生机的低纬高原山区，在一个个被篝火照耀的喀斯特洞穴，这些远古史前居民共同创造了灿烂而独特的史前文化。由于篇幅有限，本书选取了其中较为典型的48个洞穴遗址进行简要介绍，这些遗址涵盖了从旧石器时代至新石器时代的所有阶段，缀合成一幅史前人类适应自然、改造自然的宏伟史卷。

洞

择洞而居

旧石器时代

马鞍山南洞遗址

马鞍山南洞遗址位于安顺市西秀区白云镇金梯村西北350米处，地理坐标为东经106°16′11″、北纬26°22′53″，海拔1282米，相对高度15米。洞口朝向220°。洞宽3米，高8米，深20米未尽。该遗址位于亚热带季风性湿润气候区，峡谷平地，喀斯特岩溶地貌发育良好。洞前为一片农田，周边均为石山，植被覆盖率一般，东南约350米是金梯村寨，西约1000米处为黎阳机械厂家属区。

2009年，贵州省博物馆、平坝县文物管理所在第三次全国文物普查（以下简称"三普"）期间调查发现；2017年，贵州省文物考古研究所复查。洞内进洞口处距地表约2米高处有一处悬空的角砾胶结。地表呈黄色堆积，分布较多的钙板和灰岩角砾。采集了鹿牙、碎骨等化石，石核、石片、刮削器等数十件石制品。

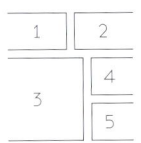

1. 马鞍山南洞遗址洞内
2. 马鞍山南洞遗址近景
3. 马鞍山南洞遗址远景
4. 马鞍山南洞遗址采集动物骨骼
5. 马鞍山南洞遗址采集石制品

大屯大洞遗址

大屯大洞遗址位于安顺市平坝区乐平镇大屯村西北1千米处大洞坡。该遗址分两洞，呈牛鼻状相通。地理坐标为东经106°9′41.1″、北纬26°25′50.1″，海拔1372.5米，相对高度为60米。主洞口位于南侧，洞宽15米，高10～12米，深8米。两洞口处都砌有石墙，主洞内还有一石墙保存完好，长8米，高约5米，厚约2.54米。

2009年，贵州省博物馆、平坝县文物管理所在"三普"期间调查发现；2017年，贵州省文物考古研究所复查。洞内堆积大部分已遭人为破坏，在北侧小洞口与主洞连通处靠小洞口下可见几块灰黄色胶结，胶结坚硬，系原来地层，内含丰富的石制品、碎骨、烧骨、炭粒和烧土。主洞口深处地表乱石嶙峋，散布着较多的灰岩角砾，并采集了较多的石制品。在北侧洞口北壁石墙后有距地表2.5米高的褐色堆积的顶板，厚约0.5米，含石制品、烧骨、碎骨、炭屑和烧土。主洞口外斜坡耕土中散布着极为丰富的石制品。在洞内乱石堆中可见厚约0.15米的灰烬胶结，较纯，胶结坚硬，具体部位、层位不详。在洞内南北相交处中部靠东壁可见堆积。

1 大屯大洞遗址远景
2 大屯大洞遗址主洞
3 大屯大洞遗址支洞

4 大屯大洞遗址主洞外景
5 大屯大洞遗址支洞外景
6 大屯大洞遗址支洞地层
7 大屯大洞遗址采集石制品
8 大屯大洞遗址采集动物骨骼

双硐遗址

双硐遗址位于安顺市平坝区天龙镇双硐村东侧。地理坐标为东经106°10′32.5″、北纬26°22′36.7″，海拔1359米，相对高度为6~7米。该洞分两洞，西洞口朝向215°，洞宽8米，高约9米，深30米。西洞口建有正房五间、厢房两间的木结构房屋，现已废弃。

2009年，平坝县文物管理所在"三普"期间调查发现；2017年，贵州省文物考古研究所进行复查。洞内堆积大部分已遭人为破坏。主堆积位于西洞口内，洞内中部出露有厚约4.5米的堆积：第1层为灰色钙板层，厚0.05~0.1米。第2层为灰褐色沙质土夹灰岩角砾层，厚约0.4米，含石制品、烧骨、碎骨、炭粒、螺壳、烧土等，炭粒粒径大的约2.5厘米。第3层为北侧洞壁出露，厚约1.7米。第4层为灰色沙质土夹灰岩角砾层，角砾较多，胶结坚硬，厚约0.4米，含石制品、烧骨、碎骨、炭粒和烧土。第5层为灰褐色沙质土夹灰岩角砾层，厚约0.8米，含丰富的石制品、烧骨、碎骨、炭屑和烧土。第6层为浅灰褐色略带灰黄色沙质土夹较多的灰岩角砾层，厚约0.15米，胶结坚硬，含丰富的石制品、碎骨和烧土。第7层为灰褐色沙质黏土夹较多的灰岩角砾层，厚约0.4米，含石制品、丰富的和较大块的碎骨和炭粒。第8层为灰黄色沙质土夹灰岩角砾和磨圆度较轻的砾石层，砾径大的为2~7厘米，厚约0.12米。第9层为黄色沙质黏土层，较纯，厚约0.6米。靠近基岩部分夹溶蚀的灰岩角砾和岩屑，未见化石。下部不详。南侧洞口朝向为305°。其底部比西侧洞口高出4米，洞宽10米，高约6米，深约8米。南侧洞口堆积上部为钙板层下的灰褐色沙质土夹角砾层，厚约1米，含石制品和烧骨。下部为灰黄色沙质土层，含零星碎骨，厚约0.2米，其下不详。

1 双硐遗址远景

2　双硐遗址西洞口
3　双硐遗址西洞向外看
4　双硐遗址西洞内部
5　双硐遗址采集石制品
6　双硐遗址采集动物骨骼

城门洞遗址

城门洞遗址位于安顺市平坝区天龙镇天龙村与安顺市西秀区大西桥镇石板房村交界处。地理坐标为东经106°9′14.4″、北纬26°21′07.9″，海拔1310.1米，与洞前盆坝相对高度约10米。洞呈岩厦状，洞口朝向东，洞宽约20米，高约8米，深8米未尽。

2001年，贵州省博物馆自然部、平坝县文物管理所调查所发现，采集到石核、石片、砍砸器、刮削器、尖状器等百余件石制品和动物化石，石制品均为打制。发现大量烧骨、动物化石等，动物化石有螺壳、鹿骨等。2017年，贵州省文物考古研究所进行复查，亦采集了较多遗物。

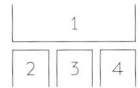

1 城门洞遗址近景
2 城门洞遗址采集石片
3 城门洞遗址采集石刮削器
4 城门洞遗址采集骨骼

马武牛洞遗址

马武牛洞遗址位于安顺市平坝区夏云镇马武村西南面约500米处。地理坐标为东经106°20′12″、北纬26°26′56″，海拔1256米，与洞前盆坝相对高度约30米。洞口朝向东北，洞宽7.5米，高约3米，深不详。

2009年，贵州省博物馆、平坝县文物管理所在"三普"期间对其核查，保存状况较差。洞外坡脚阶土中采集了石制品2件。石制品出土层位不详。洞口被修建的水窖封闭，仅在洞外东西两侧岩厦下出露厚约1米的黄色堆积，为角砾层夹黄色沙质黏土，堆积中包含鹿牙、螺壳等遗物。2016年，贵州省文物考古研究所、四川大学历史文化学院、成都文物考古研究院进行复查，发现了遗物。

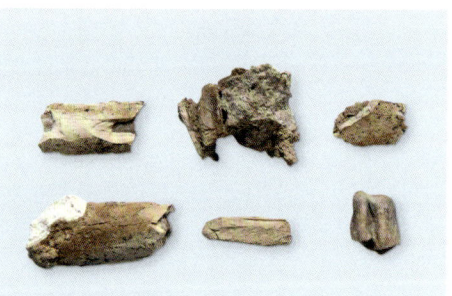

1　马武牛洞遗址远景
2　马武牛洞遗地层堆积
3　马武牛洞遗址采集动物骨骼
4　马武牛洞遗址采集石制品

毛栗园大洞遗址

毛栗园大洞遗址位于安顺市平坝区夏云镇毛栗园村西南约400米处,地理坐标为东经106°19′53.5″、北纬26°28′33.6″,海拔1269.2米,与洞前盆坝的相对高度约15米。洞口朝向东南,洞宽7米,高8米,深25米,洞内面积约150平方米。

1979年发现,采集到石核、石片、石锤、砍砸器、刮削器、尖状器等石制品144件;亦采集到大量动物骨骼化石,可辨别种属有鹿、牛两种。该遗址时代为旧石器时代晚期。

2009年,贵州省博物馆、平坝县文物管理所在"三普"期间对其复查,保存状况一般。2016由贵州省文物考古研究所、四川大学历史文化学院、成都文物考古研究院进行复查,发现了遗物。

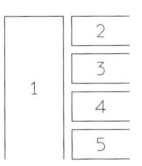

1　毛栗园大洞遗址全景
2　毛栗园大洞遗址采集石刮削器
3　毛栗园大洞遗址采集双刃石刮削器
4　毛栗园大洞遗址采集多台面石核
5　毛栗园大洞遗址采集陶片

观音洞遗址

观音洞遗址位于安顺市西秀区大西桥镇二铺村王家院后半山上，地理坐标为东经106°6′13.5″、北纬26°19′14.4″，海拔1326.3米，与洞前谷地的相对高度约50米。洞口朝北，宽约40米，高约15米，深约40米，堆积呈灰黄、灰褐色，采集到打制石制品数十件，亦采集到一些动物骨骼化石，并发现用火痕迹。

1990年，贵州省博物馆调查发现；2008年，贵州省博物馆、西秀区文物管理所在"三普"期间对其核查；2017年，贵州省文物考古研究所复查。洞内改建为观音殿，塑有佛像多尊，地表为水泥覆盖。在洞前坡地上采集到石制品、烧骨等20余件。从文化层的胶结程度和采集的石制品、动物化石判断，该遗址属于旧石器时代晚期。2004年公布为市级文物保护单位。

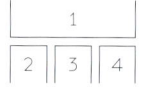
1 观音洞遗址洞穴远景
2 观音洞遗址洞内情况
3 观音洞遗址采集烧骨
4 观音洞遗址采集石核

环园洞遗址

环园洞遗址位于安顺市西秀区旧州镇把士村洗马塘寨北约500米处。地理坐标为东经106°7′35.1″、北纬26°15′29.6″，海拔1293.7米。洞曲折穿通，洞口分别朝东南和西北，宽8~50米，高5~15米，通长约180米，洞内面积约5000平方米，高出地面约20米。

1990年，贵州省博物馆调查发现；2008年，贵州省博物馆、西秀区文物管理所在"三普"期间对其进行复查，保存状况一般；2017年，贵州省文物考古研究所复查。西北洞口进深约9米为砖墙封堵，东南洞口为安州酒窖藏所使用。在西洞口采集石核、石片、刮削器等石制品30件，另有烧骨、动物化石等。根据动物化石的石化程度和文化层的胶结程度判断，该遗址为旧石器时代晚期遗址。

1 环园洞遗址东洞口（东—西）
2 环园洞遗址东洞口（东—西）

3 环园洞遗址西洞口远景（西—东）
4 环园洞遗址西洞口近景（西—东）
5 环园洞遗址西洞口近景（西—东）
6 环园洞遗址采集石制品
7 环园洞遗址采集石制品
8 环园洞遗址采集骨骼

扁嘴洞遗址

扁嘴洞遗址位于贵安新区马场镇枫林村一组，小地名为水磨冲，该洞在水磨冲一山体北侧的半山腰上，南距枫林村约1400米。地理坐标为东经106°27′46.96″、北纬26°19′19.33″，海拔1307米，与洞前谷地的相对高度约为50米。洞口朝东，洞口略呈扁嘴形，故得名，目前岩溶发育基本停止，偶有岩溶水自洞顶滴下。洞外较为开阔，洞口高出洞外平地约40米。洞口外为溶原—丘峰和山间盆地地貌，为岩溶发育早期的地貌特征。洞口宽约20米，高10～12米，洞穴深40～50米，洞口有3～4米的堆积物。

2013年，贵州省文物考古研究所调查发现；2015年，贵州省文物考古研究所对扁嘴洞的裸露剖面进行了简单清理。从堆积物的充填序列来看，第7、8层为岩溶发育早期的重力堆积，偶有岩溶水的参与。第6层为一次较为稳定的充填期，有明显的岩溶水的参与。随后的第5层为一段气候相对炎热干燥期，第4层则为一段气候相对温暖湿润的充填期，充填初期有稳定的岩溶水参与，堆积物受到过明显的水流改造。第3层为明显气候干热期，岩溶发育迟缓，充填过程较为缓慢，本层的发育对下伏地层进行了覆盖，阻止了后期堆积物对下部地层的扰乱。后期的第1、2层为近期的堆积物，为岩溶发育后期的近缘重力堆积物。总之，扁嘴洞的堆积为近缘的重力作用充填而成，第4~6层有明显的岩溶水的参与，表明气候相对温湿，岩溶发育充分。

在洞穴剖面和洞前缓坡采集到大量打制石制品和动物化石，从地层剖面的胶结程度和采集的遗物判断，该遗址的主要堆积年代为旧石器时代晚期，在遗址表层亦采集到少量陶片，表明该遗址在新石器时代至商周时期也曾被人类利用。

1　扁嘴洞遗址全景

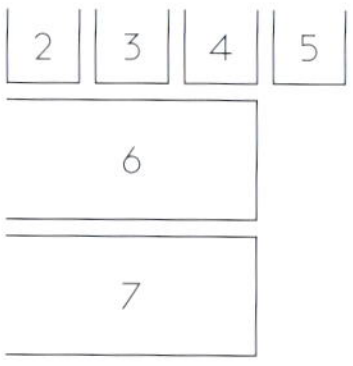

2 扁嘴洞遗址出土单台面石核
3 扁嘴洞遗址出土貘下臼齿
4 扁嘴洞遗址出土犀下臼齿
5 扁嘴洞遗址出土磨制石器残块
6 扁嘴洞遗址出土石刮削器
7 扁嘴洞遗址出土多台面石核

龙井大洞遗址

龙井大洞遗址位于清镇市红枫镇芦荻哨村龙井组，地理坐标为东经106°34′23.55″、北纬26°45′52.2″，海拔1235米，相对高度为10米。方向160°。洞口离红枫湖约30米。洞口宽约8米，高约5米，洞内较宽，深约15米。洞后面有一支洞约有100米通向山的另一侧，洞内发育有钟乳石。洞内采集到动物骨头及石器等。洞口处有后期所建的石墙。

2016年，贵州省文物考古研究所、四川大学历史文化学院、成都文物考古研究院调查发现。调查采集石制品、动物遗骨（含烧骨）等60余件。其中石制品40余件，包括石锤、石砧、石核、石片、砍砸器、刮削器等类型。动物遗骨轻度石化。初步判断其时代为旧石器时代晚期。遗址发现遗物较多，类型多样，是一处比较重要的旧石器时代晚期遗址。

1 龙井大洞遗址内景
2 龙井大洞遗址近景

3　龙井大洞遗址采集单刃石刮削器
4　龙井大洞遗址采集多台面石核
5　龙井大洞遗址采集烧骨
6　龙井大洞遗址采集石片
7　龙井大洞遗址采集石锤、石砧
8　龙井大洞遗址采集石砍砸器
9　龙井大洞遗址采集碎骨

旧新石器时代过渡

牛坡洞遗址

牛坡洞遗址位于贵安新区马场镇平寨村龟山组东面890余米处，地理坐标为东经106°27′24″、北纬26°22′13″，海拔1267米，由A、B和C三个洞穴组成。其中，A、B两洞位于牛坡东麓，A洞位于北侧，洞口朝向东北；B洞位于南侧，洞口朝向东南；C洞位于牛坡西麓，洞口朝向西南。A、B两洞前原为水稻田，后因取土形成一个水塘。A洞洞口部分为宽敞洞厅，宽约8米，高4米，深3～7米，洞内及洞口外部分堆积遭到破坏。根据洞内残存迹象判断，洞内堆积上部被破坏约1米；靠近山脚下部分因修路遭到破坏，洞口附近比较完整地保留了原生堆积，残存原生堆积面积约160平方米。B洞洞口宽约13米，高4米，深约3.2米，堆积主要分布在洞厅内及洞口外中部、左侧（以洞口朝向为标准，下同），洞口外靠近山脚部分也因

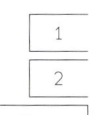

1 牛坡洞遗址B洞
2 牛坡洞遗址考古发掘
3 牛坡洞遗址远景

修路遭到破坏，洞内及洞口外靠近洞口部分原生堆积保存较好，残存原生堆积面积约100平方米。C洞洞口宽约12米，高5米，深2~7米，洞口内外均完整地保留了原生堆积，现存面积约50平方米。

2008年夏，贵州省博物馆和平坝县文物管理所在"三普"中首次发现该遗址。2011年11月，中国社会科学院考古研究所、贵州省文物考古研究所、平坝县文物管理所组成联合考古调查队，在平坝地区进行大规模的考古调查，对该遗址进行了复查。2012~2017年，中国社会科学院考古研究所、贵州省文物考古研究所、平坝县文物管理所、贵安新区社会事务管理局联合对牛坡洞洞穴遗址连续进行了六个季度的发掘，揭露面积200余平方米。

发掘表明，A、B两洞堆积均较厚，A洞堆积最厚约6米，B洞堆积最厚约3.2米。B洞前堆积比较有代表性，可分为13层。第1层为表土层。第2层为扰乱层。第3层为文化层，出土遗物以陶片为主，伴出有极少量打制石制品和兽骨。第4~7层出现大量打制石制品和兽骨，并有少量磨制石器并出。第8~12层出土遗物全部为打制石制品。第13层以下为生土。

遗物以各种细小打制石制品为大宗，主要是与加工细小打制石器有关的石料、断块、石核、石片、碎屑等，以及少量成型的细小打制石器，如刮削器、砍砸器、尖状器等。砾石工具数量亦较多，大部分两面都带有凹窝。砺石数量很少，大部分已残断。磨制石器数量很少，主要为石斧，除少量通体磨制外，大部分仅刃部磨光。陶器数量较少、器类简单，破碎严重，仅见直口和敞口、鼓腹的平底罐，亦有少量圜底器，多为手制，器形较规整，夹砂陶比例高，烧成火候较高，陶色以灰色和土黄色为主。器表以施加交错绳纹为主，另有少量刻划纹、水波纹、凹弦纹和圆圈纹等。磨制骨器数量相对较多，有骨锥、骨铲等。此外，也出土了大量水、陆生动物遗骸，包括中华圆田螺、方形环棱螺、圆顶珠蚌、狗、熊、虎、亚洲象、猪、赤麂、小麂、水鹿、梅花鹿、水牛、竹鼠等。

根据遗址堆积状况、地层叠压关系以及出土文化遗物，判断该遗址延续时间较长，可能自旧石器时代晚期，一直沿用到新石器时代晚期，甚至更晚。该遗址对建立贵州新石器时代的文化序列，探讨旧新石器时代过渡以及与环境变换的对应关系，具有十分重要的意义，该遗址入选2016年度"全国十大考古新发现"。

4　牛坡洞遗址考古发掘
5　牛坡洞遗址出土带凹石锤
6　牛坡洞遗址出土细石核

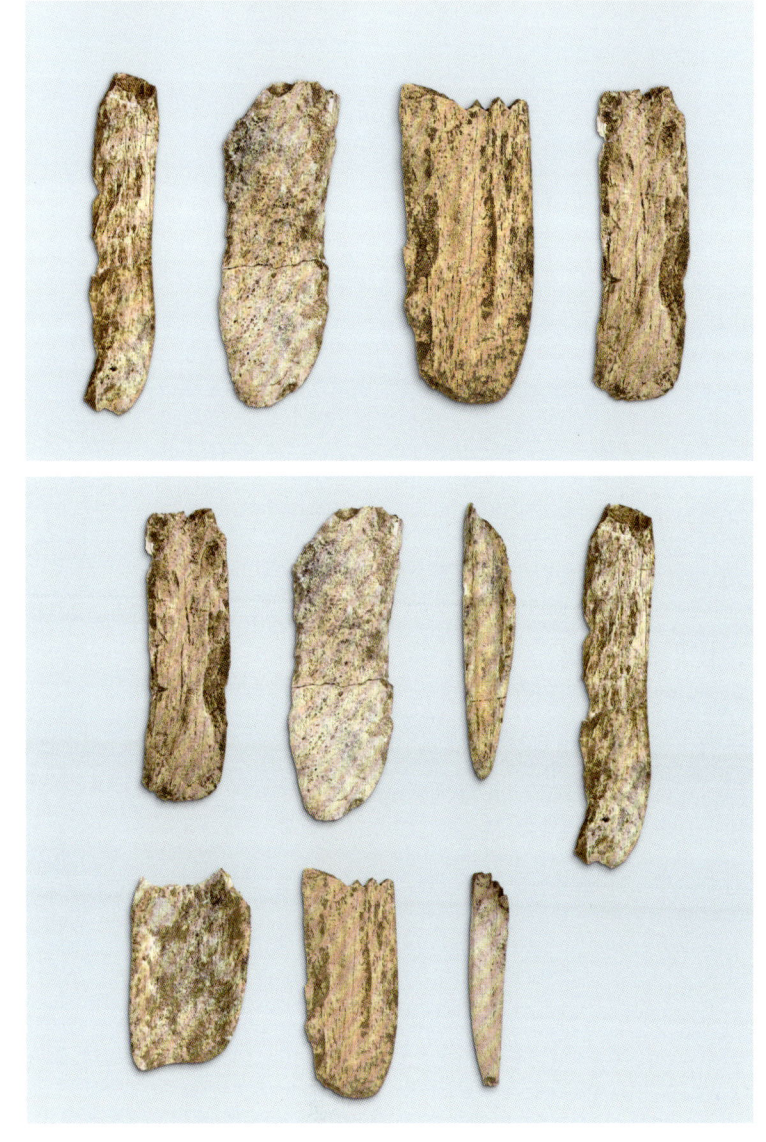

7　牛坡洞遗址出土细石叶
8　牛坡洞遗址出土亚洲象上臼齿
9　牛坡洞遗址出土磨制石器
10　牛坡洞遗址出土砾石打制石器
11　牛坡洞遗址出土骨铲
12　牛坡洞遗址出土石砍砸器
13　牛坡洞遗址出土磨制骨器
14　牛坡洞遗址出土陶罐

招果洞遗址

招果洞遗址位于贵安新区高峰镇岩孔村招果组双眼井背后,其前面为一养殖场,地理坐标为东经106°27′0.2″、北纬26°32′22.83″,海拔1280米,相对高度约30米,洞口朝向90°,洞口宽20米,高4米,向内延伸约25米。洞内较宽,东距岩孔河200米左右。

2016年,贵州省文物考古研究所、四川大学历史文化学院、成都文物考古研究院联合对贵安新区洞穴遗址进行调查时发现该遗址,遗址保存极好,仅洞口附近的原生堆积被一近代扰坑破坏,考古人员对扰坑断面进行了清理,划分出71个文化层位,堆积深度达5.65米未见底;2017年7~9月,开展正式考古发掘,共布设1米×1米探方27个,发掘面积共27平方米,发现古人类活动

1 招果洞遗址地层剖面
2 招果洞遗址近景
3 招果洞遗址全景

面1处，全新世早期墓葬2座（年代为距今1万年左右）。获得了丰富的遗物，计有石制品、骨器、动物骨骼等。其中石制品数量最多，计有刮削器、尖状器、石核、石片、石锤等，共计642件，另有数以千计的废片、碎屑。石制品原料以燧石为主。骨角器共计45件，计有骨铲、骨锥、角锥、角铲等。动物骨骼经初步鉴定，有鹿类（水鹿、梅花鹿、麂、獐）、牛、猪、虎、狼、熊、兔子、猫、獾、豪猪、竹鼠、田鼠、鸟类、螺类（中华圆田螺）、蚌类、鲍鱼等，种类丰富，以鹿骨为主。

招果洞遗址是黔中地区目前发现的年代最早、堆积最厚、保存最好的洞穴遗址，对这一遗址的发掘和研究，对解决黔中地区旧新石器时代过渡的若干重大学术问题具有重要作用。

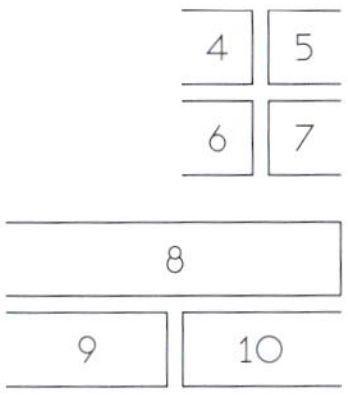

4 招果洞遗址出土磨制石器
5 招果洞遗址出土磨石
6 招果洞遗址出土石球
7 招果洞遗址出土石砍砸器
8 招果洞遗址出土角铲
9 招果洞遗址1号墓
10 招果洞遗址2号墓

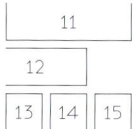

11　招果洞遗址出土骨铲
12　招果洞遗址出土石刮削器
13　招果洞遗址出土骨锥
14　招果洞遗址出土石尖状器
15　招果洞遗址出土角锥

大湾洞遗址

大湾洞遗址位于贵安新区马场镇洋塘村北部一处山脚，地理坐标为东经106°24′0.83″、北纬26°24′45.33″，海拔1248米。洞宽约10米，高约5米，深8米。在洞内东部有一支洞向内延伸，宽仅1米左右，可匍匐而入。北部有一支洞，宽5米左右，高2~3米，深约6米。洞口处有一长约1.5、宽约0.5米左右的大石块，可能是洞顶崩塌形成。

2009年，贵州省博物馆、平坝县文物管理所在"三普"期间调查发现，命名为中湾洞遗址；2013年，贵州省文物考古研究所复查，更名为大湾洞遗址；2014年，贵州省文物考古研究所、四川大学历史文化学院、成都文物考古研究院联合对大湾洞遗址进行了考古发掘。大湾洞遗址出土的石制品都体现为小型化的特征，比较大的长度也只有4.7厘米，小的只有1.3厘米。工具也很小，刮削器的长度一般为2~3厘米。

石核大部分为单台面石核，仅有1件双台面石核。且石核形制不规则。有一部分石核为石片石核。这与平坝其他地区发现的以单台面石核为主、石核利用率不高的特征一致。

石料大部分为黑色燧石，有少量的灰色砂岩。剥片的成功率总体来说都不是很高。剥片方法以锤击法为主。从打制痕迹清楚的标本来看，在打片时，较少修理台面。这与猫猫洞文化的石核台面以自然台面为主相一致。石器的第二步修理工作，连续在一个地方用大力打击，打成近90°的边缘角，边缘呈鱼鳞状。器形大多形状不规则，这一点与观音洞文化相似。

该地区所发现的工具仅占石制品总数的4.76%，仅有5件用稍大的石片经过二次加工而成的刮削器，方向均为正向加工，其中4件为单边凸刃，1件为单边直刃。但有一部分石片直接使用，

1 大湾洞遗址远景
2 大湾洞遗址发掘
3 大湾洞遗址发掘

边缘有比较明显的使用痕迹，其中有连续细疤见于一侧边的，也有见于两侧边的。兴义猫猫洞遗址从石核上打下来石片后，不经过加工或修理，就当作工具使用的。这种石片常在边缘上出现细微的剥落碎屑痕迹，并连续超过1厘米的距离。可以证明这是当时人类使用所产生的结果与大湾洞直接使用石片的情况相似。

与其他地区同时期的文化一样，工具主要是石刮削器。属于旧石器时代晚期至新石器时代。由上述可以看出，大湾洞遗址的石器工业是吸收了其他地区文化传统而发展起来的。总体来说，与白岩脚洞遗址的文化传统相一致。

该遗址的年代，由于缺乏^{14}C数据的测年，只能根据出土物的情况来判断其相对年代，该遗址洞外发掘区第1层为耕土层，洞内发掘区第1层和洞外发掘区第2、3层均出土了饰绳纹的夹砂陶片，且洞外发掘区第3层还出土了一件残的磨制石斧，其年代应同为新石器时代。洞外发掘区第4层和洞内发掘区第2层只出土少量石制品。该地层的年代可能属于旧石器时代晚期向新石器时代的过渡阶段。该遗址发现的骨骼全都没有石化，绝对年代应在距今1万年左右。该遗址的石器工业和贵州地区旧石器时代晚期的小石器传统相似。目前平坝区所调查发现的石器大多数为小型石器，主要的石器类型为刮削器，大多数为石片石器，加工方式均以正向加工为主，石器的原料以燧石为主。年代大多数为旧石器时代晚期至新石器时代，地质年代为晚更新世至全新世。

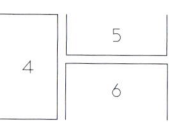

4　大湾洞遗址地层剖面
5　大湾洞遗址出土石制品
6　大湾洞遗址出土陶片

择洞而居

7 大湾洞遗址出土石制品

洞门前遗址

洞门前遗址位于安顺市平坝区白云镇车头村东面100米处，地理坐标为东经106°14′53″、北纬26°21′33″，海拔1260米。

2009年，贵州省博物馆、平坝县文物管理所在"三普"期间调查发现，保存状况较差；2017年，贵州省文物考古研究所进行复查。洞分两洞，东洞距洞口11米处与西洞距洞口21米处连通。东洞洞口朝向270°。洞宽5米，高6米，深25米未尽。西洞洞口朝向300°，洞宽3米，高6米，深40米未尽，两洞口相距14米。相对高度6米。西洞距洞口约3米处出露厚约0.6米的堆积，呈灰褐色沙质土夹灰岩角砾，胶结坚硬，含烧骨、碎骨和炭。洞口沿南壁出露褐色沙质土夹灰岩角砾和间断钙板堆积，堆积较松散，厚约0.8米，距顶部0.3米处含较大的哺乳动物椎、碎骨和鹿残上颌一段，未发现石制品。东洞内地表堆积已遭破坏，地表散布着砾石和当地人堆砌的稻草。洞内距洞口约4米处北壁出露厚约1.5米的灰褐色堆积，上部颜色较浅，下部颜色较深，上部堆积胶结比下部堆积较紧。堆积内夹灰岩角砾，含石制品、烧骨、碎骨、烧土和炭等。

1 洞门前遗址东洞口
2 洞门前遗址西洞口
3 洞门前遗址远景（西南—东北）

择 洞 而 居 ◆ 027 ◆

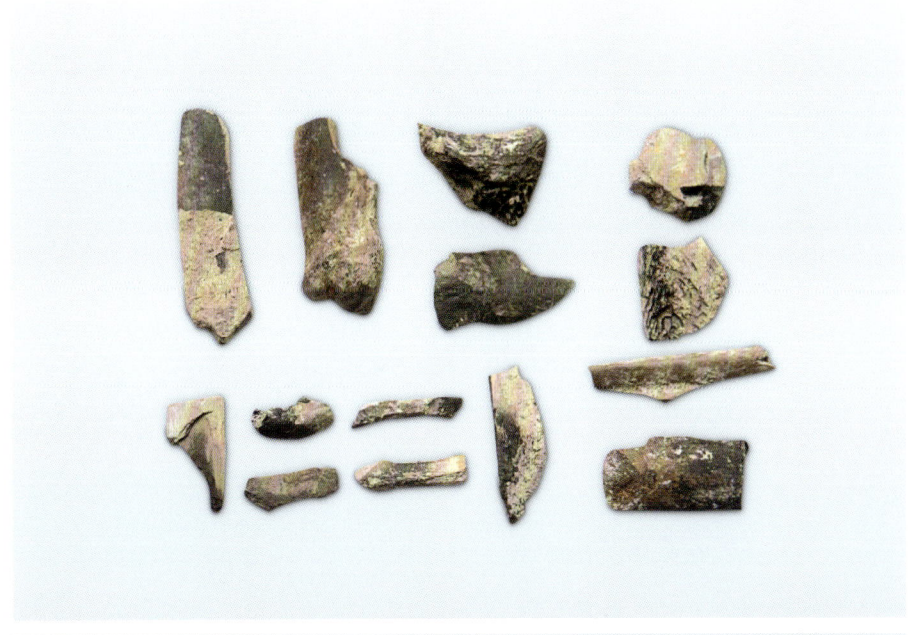

4　洞门前遗址采集动物骨骼
5　洞门前遗址采集石制品
6　洞门前遗址采集陶片

何家关熬硝洞遗址

何家关熬硝洞遗址位于安顺市平坝区白云镇金梯村北面约400米处的何家关。地理坐标为东经106°16′5″、北纬26°23′2″，海拔1265米，相对高度5米。

2009年，贵州省博物馆、平坝县文物管理所在"三普"期间调查发现；2017年，贵州省文物考古研究所复查。洞口朝向135°。洞宽12米，高约6米，深24米。有多个洞口，洞内溶蚀强，规模大，多个洞道互为串通。洞内深部有黄色堆积，含犀牙、鹿牙、螺壳和动物碎骨。文化堆积主要位于西侧低矮洞穴处，大部分堆积呈灰褐色或灰黑色，有两个洞口呈牛鼻状串通，洞内堆积被大面积熬硝破坏。在角砾堆中采集到较多的石制品、陶片、动物牙齿、碎骨、烧骨和螺壳。动物牙齿含鹿牙、牛牙、羊牙、豪猪牙。石制品和碎骨上黏附着灰烬。

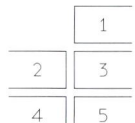

1　何家关熬硝洞遗址远景
2　何家关熬硝洞遗址采集动物骨骼
3　何家关熬硝洞遗址采集动物骨骼
4　何家关熬硝洞遗址采集陶片
5　何家关熬硝洞遗址采集石制品

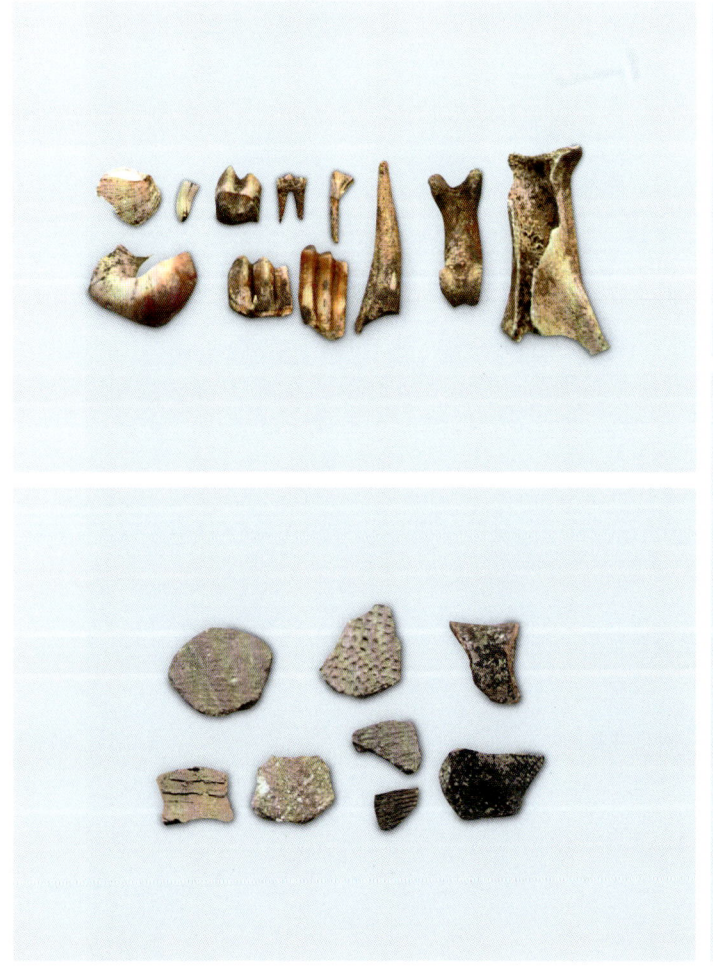

6 何家关熬硝洞遗址东侧洞
7 何家关熬硝洞遗址西侧洞
8 何家关熬硝洞遗址中洞

何家关洞穴遗址

何家关洞穴遗址位于安顺市平坝区白云镇金梯村北面约400米处何家关小山，位于沪昆高铁南侧山坡的南面坡上，东距太平哨遗址约600米。地理坐标为东经106°16′23″、北纬26°22′55″，海拔1230.6米，相对高度约30米。

2009年，贵州省博物馆、平坝县文物管理所在"三普"期间调查发现；2017年，贵州省文物考古研究所复查。该洞穴遗址为一穿洞，主要有三个洞口，洞内通长约25米。主洞口呈岩厦形，宽约25米，高约8米，深约6米，洞口朝向136°。靠主洞口北侧向内延伸约10米处的东南方向有个洞口，该洞宽约15米，高约1.6米，方向154°；距主洞口东约25米处有一洞口，宽约3米，高约2米，方向约96°。洞内堆积有大量的碎石块。基本不见原生堆积，主洞口处有一个现代的墓葬，主洞口前的缓坡上还有两座现代墓葬，基本上把洞口处的堆积破坏殆尽，在墓葬顶部的封土堆上及洞口处的碎石块堆里采集到石制品。在主洞外的缓坡及洞前平坝上采集了2件石刮削器及部分石制品。

在主洞口内西壁上有多幅岩画，内容以马、人为主，时代不明。主洞口西壁近底处有多幅石刻，内容有人、鱼、字等图案，字体模糊，时代不明。

1 何家关洞穴遗址采集动物骨骼
2 何家关洞穴遗址采集动物骨骼
3 何家关洞穴遗址采集陶片
4 何家关洞穴遗址采集石制品

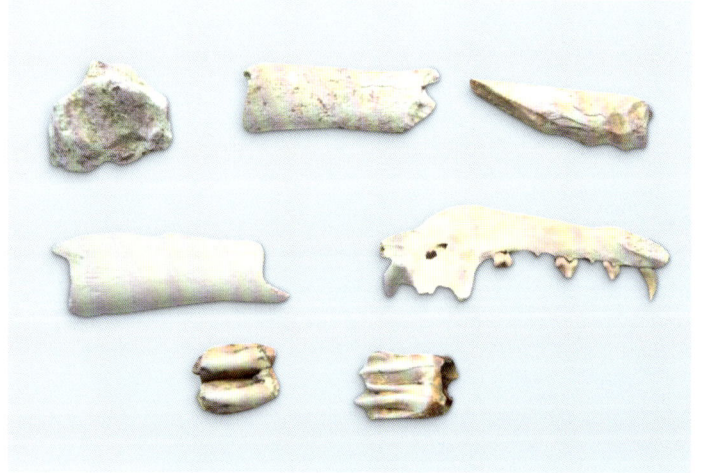

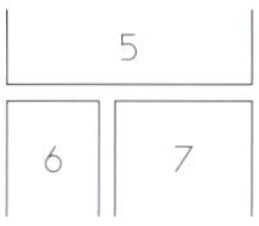

5 何家关洞穴遗址远景
6 何家关洞穴遗址主洞口
7 何家关洞穴遗址主洞口

8	9
10	11
12	13

8　何家关洞穴遗址东南洞口
9　何家关洞穴遗址东洞口
10　何家关洞穴遗址岩画
11　何家关洞穴遗址岩画
12　何家关洞穴遗址岩画
13　何家关洞穴遗址岩画

14　何家关洞穴遗址人形石刻
15　何家关洞穴遗址鱼石刻
16　何家关洞穴遗址石刻

大洞安置区大洞遗址

大洞安置区大洞遗址位于平坝区鼓楼街道办事处大洞安置区（即G60平坝高速出口贵安大道安顺方向约500米左转约200米处）。地理坐标为东经106°14′5″、北纬26°24′18.6″，海拔约1358米，相对高度约20米。洞口朝向243°，洞宽21.91米，高约10.26米，深40.64米。

2017年，贵州省文物考古研究所调查发现。遗址由主洞和一个支洞组成，主洞洞口前有一堵石墙，墙长约18.65米，高约2.3米，厚1.1米。墙部分残缺，石拱门还尚在，从洞壁断面可以看出，后期向下挖掘了约2米深，扰乱严重。支洞位于主洞的洞口东侧，采光好。洞宽约13.13米，高约5.68米，深约14.2米，从洞的内壁断面看出后期向下挖掘了约1米左右，在支洞的中间位置的砾石堆中发现了水晶、燧石、骨头，在洞口的堆积中发现了水晶、燧石及大量的烧骨，同时还发现了绳纹和附加堆纹的陶片，近30块。

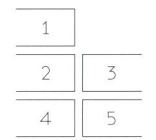

1 大洞安置区大洞遗址采集石片
2 大洞安置区大洞遗址采集蜗牛壳
3 大洞安置区大洞遗址采集石制品
4 大洞安置区大洞遗址采集烧骨
5 大洞安置区大洞遗址采集陶片

6　大洞安置区大洞遗址远景
7　大洞安置区大洞遗址主洞
8　大洞安置区大洞遗址支洞

徐家岩洞遗址

徐家岩洞遗址位于安顺市平坝区十字乡云盘村以西343米处。地理坐标为东经106°16′11″、北纬26°29′17″，海拔约1306米，相对高度约25米。洞口朝向110°，洞宽4米，高约5米，深45米。洞口砌有石墙，长约10米，高约4米，厚约0.5米。

2009年，贵州省博物馆、平坝县文物管理所在"三普"期间调查发现；2017年，贵州省文物考古研究所进行复查。洞内堆积大部分已遭破坏，地表基岩大部分裸露，洞内深部黄色黏土已被挖掘填充于洞口部分，洞内岩壁有明显的人工凿取痕迹，洞顶部分石料已被开采用作砌石墙。在这次复查过程中，仅捡拾、试掘到少量的烧骨、燧石石制品及绳纹夹砂陶片。

1 徐家岩洞遗址采集动物骨骼
2 徐家岩洞遗址采集石制品
3 徐家岩洞遗址远景
4 徐家岩洞遗址近景
5 徐家岩洞遗址洞口情况
6 徐家岩洞遗址洞内情况

打鼓洞遗址

打鼓洞遗址位于安顺市平坝区夏云镇金银村下院寨北。地理坐标为东经106°17′22.1″、北纬26°23′55.2″，海拔1245.6米，高山地面约10米。洞口坐西北朝东南，洞宽约8米，高约6米，深15米。

2002年，贵州省博物馆、平坝县文物管理所调查发现，采集到石制品、陶片、动物化石。石制品系打制，有石片和刮削器。从烧骨看，有用火行为。动物化石有鹿等，为旧石器时代晚期。陶片1块、火候较高，为灰色夹砂陶，饰方格纹，属于新石器时代。

1	2
3	

1 打鼓洞遗址地层
2 打鼓洞遗址地层
3 打鼓洞遗址远景

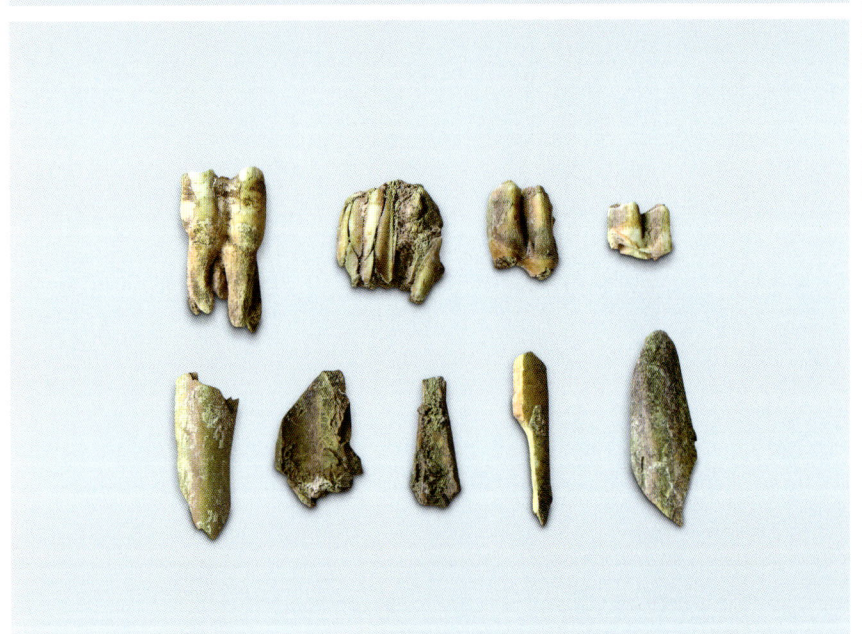

4	7
5	8
6	

4　打鼓洞遗址采集烧骨
5　打鼓洞遗址采集牙齿和骨骼
6　打鼓洞遗址采集石制品
7　打鼓洞遗址采集粗绳纹陶片
8　打鼓洞遗址采集陶片

金银上洞遗址

　　金银上洞遗址位于安顺市平坝区夏云镇金银村上洞村北。地理坐标为东经106°17′19.2″、北纬26°23′52.1″，海拔1300米，高出地面约50米，洞口朝北，洞宽约25米，高约20米，深约50米。

　　2002年，贵州省博物馆、平坝县文物管理所调查发现，采集到石制品、陶片、动物遗骸。石制品系打制，有石片、刮削器等，为旧石器时代晚期。陶片40多块，大多火候较高，除一片泥质陶片外，皆为夹砂陶片，有红、褐、灰、黑色，纹饰以绳纹为主，还有篦篮纹及锥刺纹，属于新石器时代。洞内遭开山取石破坏，损毁严重，且堆满巨石。无石钟乳及石笋发育，洞外为村民宅基地。2016年，贵州省文物考古研究所、四川大学历史文化学院、成都文物考古研究院进行复查，发现了遗物。

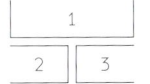

1　金银上洞遗址远景
2　金银上洞遗址远景
3　金银上洞遗址近景

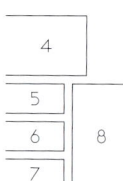

4 金银上洞遗址调查
5 金银上洞遗址采集双刃石刮削器
6 金银上洞遗址采集石片
7 金银上洞遗址采集多台面石核
8 金银上洞遗址采集石片

火石洞遗址

火石洞遗址位于安顺市平坝区夏云镇毛栗园村西南面约800米处。地理坐标为东经106°20′17″、北纬26°28′24″，海拔1332米，相对高度5米。主洞口朝向255°，洞宽18米，高8米，深13.2米。内洞宽30.3米，高14米，深13米。主洞口至基岩处长13.2米，主洞内与内洞口连通处宽9米，高2米。主洞口处残存有一石墙，长18米，高1米。

2008年，贵州省博物馆、平坝县文物管理所在"三普"期间调查发现。洞内堆积大部分已遭破坏。洞内东北角残存厚2.1米的堆积：第1层为钙质角砾胶结层，胶结较坚硬，厚约0.2米。第2层为褐色沙质黏土夹灰岩角砾层，厚约0.4米。第3层为灰褐色沙质黏土夹灰岩角砾层，有多成灰烬凸镜体，厚约0.5米。第4层为灰黄色钙质胶结层，层内夹杂褐色沙质黏土，厚约0.3米。第5层为灰褐色沙质黏土夹灰岩角砾层，厚约0.6米。砾径大者约25厘米。其下不详。各层均含石制品、烧骨、碎骨、炭屑和烧土等文化遗物。

洞口部洞沿坍塌，巨大的岩石下叠压着厚约2米的堆积，整体略呈褐色，上部颜色较深，未见文化遗物。在距洞口13米处洞口变小，向内延伸10米后再向南北向内延伸。北侧延伸15米后向西与外侧相通，与主洞构成牛鼻状连通。北侧洞口高约2米，宽约10米，深约10米。洞沿层面发育，由外向里倾斜，仅洞内深处的南侧与主洞口的小洞连接处存厚约0.6米的堆积：上部厚约0.1米，为灰黑色堆积，胶结松散，采集到磨制石器、陶片。南侧洞内未见堆积和文化遗物。在洞内地表乱石堆中散布着丰富的文化遗物。在洞外坡脚的耕土中采集到石制品、陶片和烧骨等。

1　火石洞遗址远景

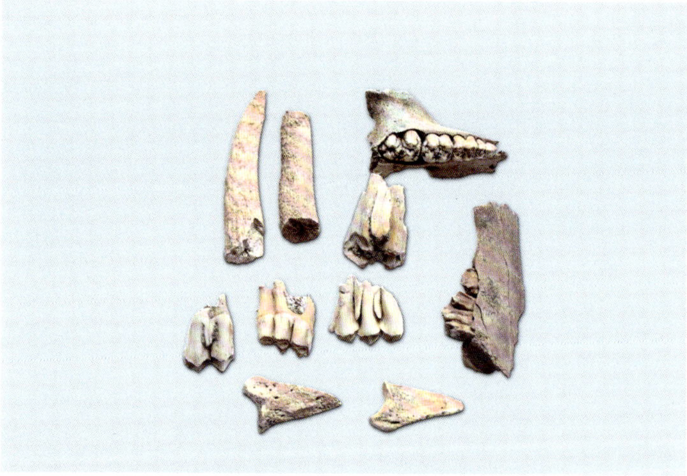

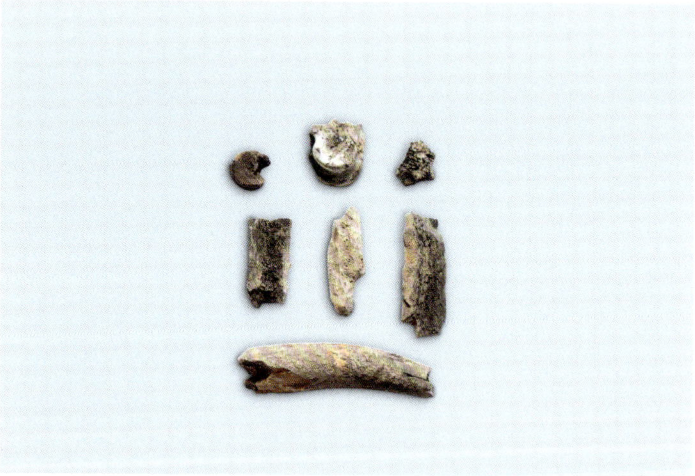

2	3
4	5
6	7

2 火石洞遗址采集动物骨骼
3 火石洞遗址采集动物骨骼
4 火石洞遗址采集石制品
5 火石洞遗址采集陶片
6 火石洞遗址近景
7 火石洞遗址采集石斧

龙天大洞遗址

龙天大洞遗址位于安顺市西秀区蔡官镇龙天村西南500米处，地理坐标为东经105°59′49″、北纬26°21′22″，海拔1430米。洞口朝东，洞宽11米，高6米，深50米，面积1000平方米，洞口人为用石头砌墙，洞内西侧为天坑。

2009年，贵州省博物馆、西秀区文物管理所在"三普"期间调查发现；2017年，贵州省文物考古研究所复查。洞内地表布满角砾和近现代堆积。文化遗物主要分布在洞口斜坡地带，在洞前坡地的断面上采集石制品100余件，陶片1片，另有少量烧骨和动物碎骨。遗址中包含旧石器时代、新石器时代等不同时期的遗存，为研究贵安新区史前时期人类活动提供了实物证据。

1. 龙天大洞遗址采集动物骨骼
2. 龙天大洞遗址采集石制品
3. 龙天大洞遗址洞穴远景（东—西）
4. 龙天大洞遗址洞穴近景（东—西）
5. 龙天大洞遗址洞口（东—西）
6. 龙天大洞遗址调查情况

大岩洞遗址

大岩洞遗址位于安顺市西秀区大西桥镇安庄屯村西北面1千米长山坡半腰处，地理坐标为东经106°8′53.7″、北纬26°18′55.6″，海拔1368米。洞口向西，宽10米，高约7.5米，深5米。北侧有叉洞，深4米未见底，面积约50平方米。

1990年，贵州省博物馆调查发现；2009年，贵州省博物馆、西秀区文物管理所在"三普"期间进行复查；2017年，贵州省文物考古研究所复查。遗址呈岩厦状，明亮、通风、干燥，堆积大部分被破坏，洞口有2座墓葬，均被盗。岩厦布满扰乱角砾堆积，在洞外耕地采集到石核、石片、刮削器、端刮器等石制品100余件。该遗址年代为旧石器时代向新石器时代过渡。

1 大岩洞遗址洞穴远景（西南—东北）

2 大岩洞遗址支洞情况

3 大岩洞遗址主洞口

4	5
	6
	7

4　大岩洞遗址采集石叶
5　大岩洞遗址采集石片
6　大岩洞遗址采集单刃石刮削器
7　大岩洞遗址采集多台面石核

猫猫洞遗址

猫猫洞遗址位于安顺市西秀区旧州镇新寨村南面1千米猫猫村后山。地理坐标为东经106°6′50.7″、北纬26°14′40.7″，海拔1309.7米，相对高度20米。洞发育于三叠纪灰岩。洞口向西，宽10米，高5米，深50米。

1990年，贵州省博物馆调查发现；2009年，"三普"期间由西秀区文物管理所进行复查，保存较好；2017年，贵州省文物考古研究所复查。洞前坡地因修建乡村公路留有断面，在断面地层堆积中出土石制品30余件。从出土遗物特征分析，其文化时代属旧石器时代晚期至新石器时代。2004年公布为市级文物保护单位。

1 猫猫洞遗址采集石锤
2 猫猫洞遗址远景
3 猫猫洞洞前地层堆积
4 猫猫洞洞前地层堆积

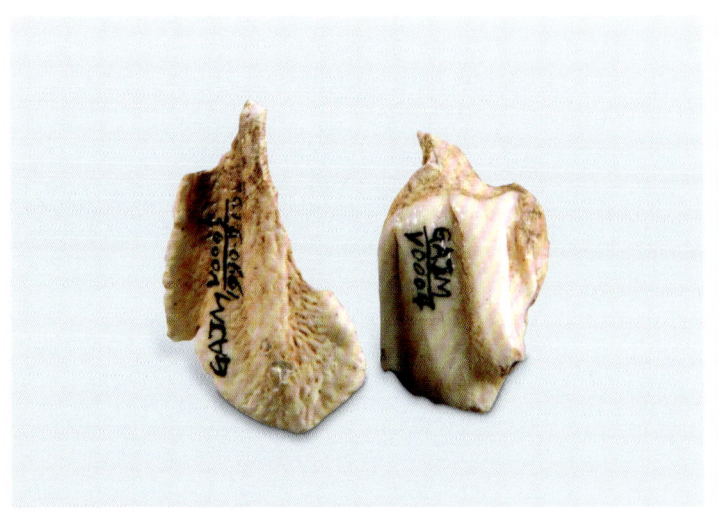

5 猫猫洞遗址采集动物骨骼
6 猫猫洞遗址采集石制品
7 猫猫洞遗址北洞口

张口洞遗址

张口洞遗址位于安顺市西秀区七眼桥镇仁岗村，洞向西南，地理坐标为东经106°0′14″、北纬26°18′59″，海拔1486米。洞宽11米左右，高10米左右；对穿洞口宽1.5米，高2米，占地面积约800平方米。

2009年，贵州省博物馆、西秀区文物管理所在"三普"期间所发现；2017年，贵州省文物考古研究所、安顺市西秀区文物管理所等单位进行复查，在洞内地表和乱石堆积中采集到石制品、陶片、动物遗骨等遗物125件。洞前为陡坡，坡下为耕地。洞口人为修石墙一面，中间开门，洞堆积被扰乱，在乱石堆中采集到石制品、碎骨等遗物，坡脚采集石制品若干，年代为旧石器时代向新石器时代过渡。

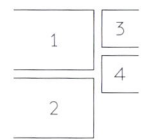

1 张口洞遗址远景
2 张口洞遗址近景
3 张口洞遗址采集石制品
4 张口洞遗址采集碎骨

麻雀洞遗址

麻雀洞遗址位于安顺市西秀区七眼桥镇王家庄，地理坐标为东经106°04′15.7″、北纬26°16′05.9″，海拔1368米。这一带地貌主要为丘陵、盆地地貌，坝子连片，地势较平坦，间有低矮的石灰岩山体分布，一些山体上发育有岩溶洞穴，气候为亚热带季风性湿润气候，植被以多年生灌木为主。

2017年5月，贵州省文物考古研究所调查发现，采集到石制品167件。

洞穴处在宽阔山间平坝中的孤山山腰。洞向西南，洞口宽约13米，高约12米，深约13米处有近现代石墙阻隔无法进入，与洞前台地的相对高度约10米。文化遗物均采自洞口和洞前地表，通过对洞前台地地层堆积的观察可知，其原生层位为富含角砾的灰褐色堆积，堆积较致密。

调查所获的人工遗物全为石制品，数量较多。其主要特点为：原料以燧石为主，硅质灰岩亦使用较多，水晶也有发现，其他原料使用较少，原料以风化岩块为主，砾石较少。个体以小型者占绝大多数，中型者较少。剥片以锤击法为主，石核、石片连续剥片，石核利用率较高。工具类型简单，常见石刮削器，偶见石尖状器；片状毛坯远多于块状毛坯，修理方向多样，以转向和正向为主，反向的较少；刃角多较钝，但亦不乏一些较锐的标本。整体上应属于典型的贵州中西部地区的小石片石器工业传统。

现存的原生堆积呈灰褐色，较致密。因未见动物遗骨，仅能从石制品特点方面判断其大致年代。从石制品的主要特征分析，可暂定其时代为旧石器时代晚期至新石器时代早期。

1 麻雀洞遗址采集石制品
2 麻雀洞遗址采集石制品
3 麻雀洞遗址远景
4 麻雀洞遗址近景
5 麻雀洞遗址洞口

新石器时代至商周时期

癞山上洞遗址

癞山上洞遗址位于安顺市西秀区蔡官镇龙天村西南的癞山之上,地理坐标为东经105°59′51.6″、北纬26°21′24.7″,海拔1429米。

2017年,贵州省文物考古研究所、安顺市西秀区文物管理所等单位调查发现。2009年6月,贵州省博物馆蔡回阳研究员等同志曾在龙天村附近发现了癞山洞石器采集点和龙天大洞遗址,其中癞山洞洞口朝北,与癞山上洞处于同一座山体之上。

石制品计38件,其中第3层出土36件,第4层出土2件。石制品有石核、石片、石器、断块、片屑等;陶器均为残片,共6片,皆出自第3层。

遗址地层堆积中的伴出动物遗骨基本未石化或轻度石化,显示出年代偏晚的特点。文化遗物主要出自第3层,未见晚期遗物,并伴出陶器残片,而陶片显示出一些新石器时代晚期的特点,因此可以初步确定该遗址第3层的时代应为新石器时代晚期。第4层因出土遗物较少,面貌尚不清晰,不排除遗址下部存在时代更早的遗存。

1 癞山上洞遗址远景

2　癞山上洞遗址近景
3　癞山上洞遗址洞内情况
4　癞山上洞遗址出土烧骨
5　癞山上洞遗址出土石器
6　癞山上洞遗址出土陶片

仙人洞遗址

仙人洞遗址位于安顺市西秀区刘官乡嘉穗村高福寨，地理坐标为东经106°13′35.59″、北纬26°18′8.46″，海拔1278米。

遗址所在刘官乡嘉穗村高福寨，位于安顺市西秀区东约40千米、刘官乡东北约5千米处，处在安顺市西秀区与平坝区的交界地带。这一带地貌主要为高原丘陵地貌，间有石灰岩山体分布，发育有岩溶洞穴，气候为亚热带季风性湿润气候，植被以多年生灌木为主。

2017年，贵州省文物考古研究所、安顺市西秀区文物管理所等单位调查发现，在洞内地表和地层堆积中采集到石制品、陶片、动物遗骨等遗物128件。

该洞实为一岩厦，现为马姓居民使用，在周边建有养鸡场，故又称马家偏岩。朝向西南（约210°），宽约21米，高12米，深约9米，厦内面积约100平方米。岩厦前为山间洼地，相对洼地高度约10米。因长期使用，洞内堆积破坏较严重，在岩厦南侧壁保留着较厚的原生地层堆积，主体可分为两部分，上部为厚约1.5米的黄色松散堆积物，富含角砾，零星见有石制品；下部为厚约0.4米的黑褐色堆积，较疏松，含较多炭屑、灰烬、烧骨、动物碎骨和石制品。

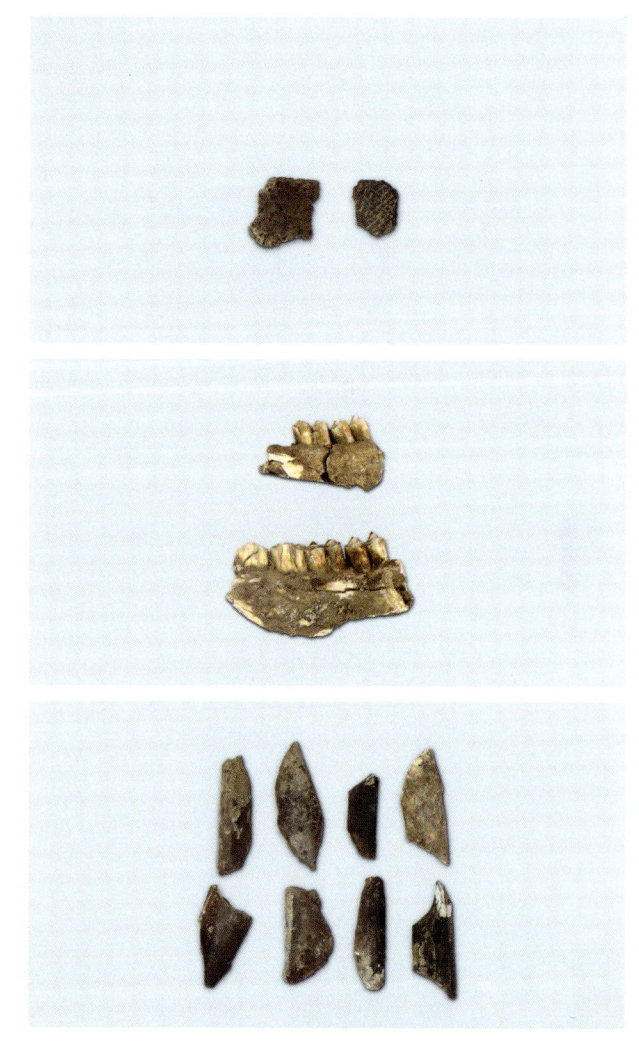

1 仙人洞遗址采集陶片
2 仙人洞遗址采集鹿齿
3 仙人洞遗址采集烧骨
4 仙人洞遗址采集石器
5 仙人洞遗址采集石器

6　仙人洞遗址偏洞近景
7　仙人洞遗址地层堆积
8　仙人洞遗址偏洞远景

大坝大洞遗址

大坝大洞遗址位于安顺市西秀区七眼桥镇雷屯村大坝组，地理坐标为东经106°5′21.9″、北纬26°18′4.1″，海拔1336米。

大坝大洞遗址所在七眼桥镇雷屯村大坝组，位于安顺市西秀区以东约13千米、七眼桥镇东约3千米处。这一带地貌主要为喀斯特岩溶地貌，岩溶洞穴发育较多，气候为亚热带季风性湿润气候，植被以多年生灌木为主。

2017年，贵州省文物考古研究所调查发现。在洞口的地层堆积中采集到石制品（含磨制石器）、陶器残片、动物遗骨等遗物62件。

洞穴所在的山体为一处在山间平坝中的孤山，现为钱姓居民养鸡、鹅所用。洞向东北，洞口宽5米，高5.5米，深30米未到底，相对高度约3米。洞口有现代石墙，洞内潮湿，不时有岩浆水滴落，地表平整，布满后期覆土和现代杂物。在洞口处有厚约0.3米的灰褐色黏土堆积，夹角砾、炭屑等，其内出石制品（含磨制石器）、陶器残片、烧骨等遗物。

1	2
3	4

1　大坝大洞遗址远景
2　大坝大洞遗址近景
3　大坝大洞遗址地层及出土遗物
4　大坝大洞遗址出土遗物

下坝洞遗址

下坝洞遗址位于马场镇渔雅村人人山南侧半山腰上，地理坐标为东经106°28′44.78″、北纬26°18′37.85″，海拔1307米。2013年，贵州省文物考古研究所调查发现。

洞向东南，洞口与耕地高差约3米，洞口垒砌有墙，宽约9米，高约4.8米，厚约1米。墙下留有宽约1、高约1.5米的拱形门道，门上有5个对称的射击孔，射击孔宽约0.5米，高约0.7米。墙后为平台，由石头垒砌而成，平台西侧有9级石阶。

洞内宽约7米，高4米，深约14米。堆积主要分布在洞外侧台地上，调查时采集到较多石制品、少量的陶片和兽骨等遗物。石制品17件，皆为燧石质，以石片和石核居多。石核台面有打击台面和自然台面两种，部分经多次剥片。陶片7件，夹砂陶6件，泥质陶1件，夹砂陶质地较好，部分陶片的胎土中掺和细砂石颗粒，陶色以黄褐色、灰褐色为主；胎壁较厚，器表多饰绳纹，陶片细碎，器形不明。动物骨骼1件，呈黑褐色，疑似火灼痕迹，种属不明。从遗址内所采集到的陶片推测其年代在商周时期。

洞口用石墙封堵，形成洞屯，墙体上部设有

观察和射击孔，下部中间有门洞一道，门宽1.1米，高1.8米，厚1.15米，门墙外层为土砖、内层为石块。墙宽10米，高6米，厚1.25米，门高2.2米。有石砌平台，面积约16平方米。沿洞左上9级石阶可到平台观察、射击。其年代可能为清代中晚期。

1 下坝洞遗址采集石制品
2 下坝洞遗址远景
3 下坝洞遗址采集陶片

飞虎山洞穴遗址

飞虎山洞穴遗址位于贵州省平坝区白云镇平庄村平林寨南1千米处的一座石灰岩山体上。地理坐标为东经106°14′55.3″、北纬26°19′55.3″，海拔1254.1米。山峰高约60米，四周是农田，平坦开阔。东西方向不远处均有河流经过。山脚下有一堵石墙将整个山体围起来，根据调查可知，石墙应该建于近代，可能是当地人用以躲土匪而修建的。洞口外侧有一座清乾隆年间的墓葬。

该遗址是由两个左右相邻的洞穴组成，贵州省博物馆于1978年调查发现；曾于1981年进行试掘。揭露面积65.5平方米。根据发掘结果可知，文化层可分两期，早期属于旧石器时代晚期，伴有大熊猫、剑齿象等动物化石，地质年代为更新世晚期。晚期属于新石器时代，出土及采集到磨制石器27件，包括斧、矛等。出土陶片近1500片，主要有夹砂灰陶、泥质陶等，后者数量较少。纹饰主要有绳纹和方格纹等。还发现一片彩陶片，年代距今6000~4000年。据此，发掘者认为在这个时间范围内，本地已经有古人类活动。1982年公布为省级文物保护单位。

1	2	3
4	5	6	7

1　飞虎山洞穴遗址出土石锛
2　飞虎山洞穴遗址出土石锤
3　飞虎山洞穴遗址出土彩陶片
4　飞虎山洞穴遗址出土石斧
5　飞虎山洞穴遗址出土石矛
6　飞虎山洞穴遗址出土石镞
7　飞虎山洞穴遗址出土陶纺轮

胡家洞遗址

胡家洞遗址位于贵安新区湖潮乡车田村下车田组，地理坐标为东经106°32′31.4″、北纬26°26′22.9″，海拔1210米。

2008年，贵州省文物考古研究所、花溪区文物管理所在"三普"期间调查发现；2016年5月，贵州省文物考古研究所、四川大学历史文化学院、成都文物考古研究院联合进行复查；2017年，贵州省文物考古研究所再次对其进行复查。后两次的工作，在洞内地表采集到陶器残片5件。

该洞原名仙人洞，因清末至民国初年湖潮乡胡姓百姓为躲避匪患战乱多藏身于此，现多称胡家洞。洞穴处在山间槽谷边缘地带，洞前有小溪流过。洞宽16.4米，高10.4米，深30米未尽（后壁有窄小支洞向内延伸），相对洞前小溪高度约20米。洞向东（90°），洞口砌有石墙，石墙保存较好，厚约3米，留有门道以通洞内。洞厅宽敞明亮，面积约300平方米。洞内局部发育有石钟乳、石笋等，因开采石料及作旅游开发用，洞内堆积受到严重破坏。

遗址可供进行年代分析的遗存只有陶器残片，但因数量太少且较残碎，难以进行仔细的辨识，只能参照贵州省内其他地区的发现进行初步的推断。根据贵州省内北盘江流域、赤水河流域的发现来看，这类火候较高的粗绳纹陶片，其年代一般已进入历史时期，属于商周时期的可能性相对较大。

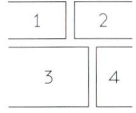

1　胡家洞遗址洞内情况
2　胡家洞遗址洞口
3　胡家洞遗址远景
4　胡家洞遗址采集陶片

老李洞遗址

老李洞遗址位于贵安新区马场镇三台村以南（原属平坝区），2013年由贵州省文物考古研究所调查发现。地处马坡山（又名文笔山）西麓一处内凹谷地内山脚处，当地人称老李洞。地理坐标为东经106°26′03.45″、北纬26°23′15.24″，海拔约1303米。洞口朝北，宽约3.8米，高约4.8米，深约11.8米，洞内平面呈南北狭长形。采集到陶器残片、动物碎骨和石制品等。陶器残片23件，均为夹砂陶，砂粒较粗，烧制火候较高。陶色以黄褐色为主，少量为灰褐色。多数陶片外壁饰有纹饰，纹饰以绳纹为主（11片），方格纹次之（5片）。陶片皆细碎，器形难辨。石制品仅见1件石片，燧石质，表面大部分覆盖着钙质胶结物。此外，还发现了少量的螺壳、动物碎骨和烧骨等。初步判断该遗址中至少包含了战国秦汉时期的遗存。

1　老李洞遗址工作照
2　老李洞遗址远景（北—南）
3　老李洞遗址采集陶片

马洞遗址

马洞遗址位于贵安新区高峰镇湾子头村，地理坐标为东经106°20′13.8″、北纬26°21′15.5″，海拔1270米。

2016年5月，贵州省文物考古研究所、四川大学历史文化学院、成都文物考古研究院联合调查发现，在洞内地表和地层堆积中采集到石制品、陶器残片、动物遗骨（含烧骨）等遗物21件。人工制作的文化遗物有石制品和陶器两类，包括石制品3件、陶器残片9件。

洞宽13.2米，高12.3米，深20.3米，相对洞前洼地高度约10米。洞朝向东南（130°），洞口砌有石墙，石墙厚约2米。洞顶较平，洞厅宽敞、干燥，洞内由下洞和上洞组成。下洞向下凹陷，形成一巨型凹坑，向西发育一支洞。上洞位于洞内东侧近洞顶处。洞内发育有石钟乳、石笋。仅下洞前厅保留了部分堆积。

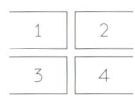

| 1 | 2 |
| 3 | 4 |

1　马洞遗址采集烧骨
2　马洞遗址采集烧骨
3　马洞遗址采集石制品
4　马洞遗址采集陶片

5　马洞遗址洞内堆积
6　马洞遗址洞口（西—东）
7　马洞遗址工作照

白洞遗址

白洞遗址位于贵安新区马场镇嘉禾村长陇寨，地处长陇寨所在山间谷地南侧山脉西坡山脚处，当地人称白洞。2013年，贵州省文物考古研究所调查发现。地理坐标为东经106°24′13.6″、北纬26°21′37″，海拔约1300米。洞口向西，洞宽26米，高约21米，深约15米，与山前平坝相对高度约20米。采集到陶器残片12件，均夹砂陶，砂粒较粗，火候不高；陶色以红褐色为主，灰褐色次之；多数陶片外壁有纹饰，以绳纹为主，也见有附加堆纹。初步判断其中应当存在新石器时代晚期至商周时期的遗存。

1 白洞遗址远景
2 白洞遗址洞口向外看
3 白洞遗址近景
4 白洞遗址局部地层
5 白洞遗址采集陶片

穿洞遗址

穿洞遗址位于贵安新区马场镇嘉禾村马鞍山，地处山间平坝边缘山坡坡脚处。地理坐标为东经106°25′36.7″、北纬26°20′50.17″，海拔约1267米。系一南北向对穿穿洞，南洞宽约7米，高约2.3米，北洞口高约3.3米，深约11米。

2013年，贵州省文物考古研究所调查发现。文化遗物埋藏于黄褐色包含角砾的堆积之中，堆积保存十分完好。石制品近200件，原料以燧石为主，石英岩次之，也包含少量的硅质岩、水晶等。石制品包括石核、石片、石器、断块和片屑等类型；石片数量最为丰富，计有80余件，依台面的存在形式有自然台面、素台面、有疤台面、棱脊台面等；石器10余件，均为小型的刮削器，多以石片为素材正向加工而成。动物碎骨和烧骨数量也较多，但多数未经石化或仅仅轻度石化，大多数皆为人工敲击而成的碎片，其他种属均难以辨别。根据出土的石制品、动物碎骨初步分析，该遗址的时代约为新石器时代。

1. 穿洞遗址洞内情况
2. 穿洞遗址洞内情况
3. 穿洞遗址堆积状况
4. 穿洞遗址远景
5. 穿洞遗址采集石制品

吊洞脚南洞遗址

吊洞脚南洞遗址位于安顺市平坝区白云镇金梯村南面约200米处。地理坐标为东经106°16′19″、北纬26°22′18″，海拔1282米，相对高度9米。洞口朝向75°，洞宽8米，高5米，深7米。洞为岩厦型。洞口被坍塌的两块巨石所堵，巨石宽约4米。洞内堆积已遭人为破坏殆尽。原堆积呈灰黑色。过筛后的乱石堆中发现了石制品2件，陶片多块，并含有烧骨、碎骨、鹿牙和蚌壳。

2009年，贵州省博物馆、平坝县文物管理所在"三普"期间进行复查，保存较差；2017年，贵州省文物考古研究所复查，发现较多石制品、陶片以及1件磨制石镞。

1 吊洞脚南洞遗址近景
2 吊洞脚南洞遗址远景
3 吊洞脚南洞遗址采集石片
4 吊洞脚南洞遗址采集磨制石镞
5 吊洞脚南洞遗址采集陶片

三叉洞遗址

　　三叉洞遗址位于安顺市平坝区乐平镇王寨村龙井村民组东北150米处。地理坐标为东经106°8′51″、北纬26°23′55″，海拔1337米。

　　2009年，贵州省博物馆、平坝县文物管理所在"三普"期间调查发现；2017年，贵州省文物考古研究所复查。该遗址主洞口小内大，朝向310°。洞宽15米，高22米，深6米处与北侧洞相通。洞宽14米，深10米，再往北侧有一消水洞。主洞向南20米处与南侧洞相通，洞宽8米，高8米，深50米。距南洞口25米处向南还有一洞延伸10米未尽。洞内大部分堆积已被破坏殆尽，在南侧洞口内北侧距离洞口约20米处残存厚约1米的堆积。上部为灰黑色沙质黏土夹灰岩角砾层，较为松散，厚约0.5米。含石制品、残断的磨制石器1件以及较多的夹砂陶片。下部为黄色沙质黏土夹风化角砾，厚约0.5米未见底，含零星动物碎骨。在洞外坡脚耕土中采集到较多石制品和陶片。

1 三叉洞遗址远景
2 三叉洞遗址近景
3 三叉洞遗址主洞内

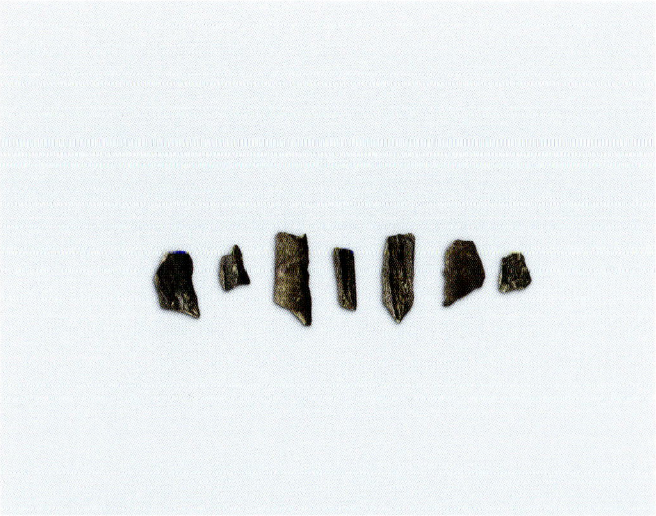
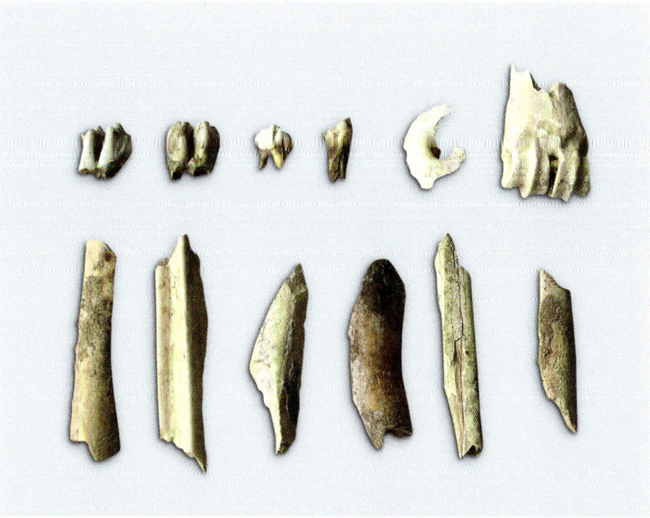
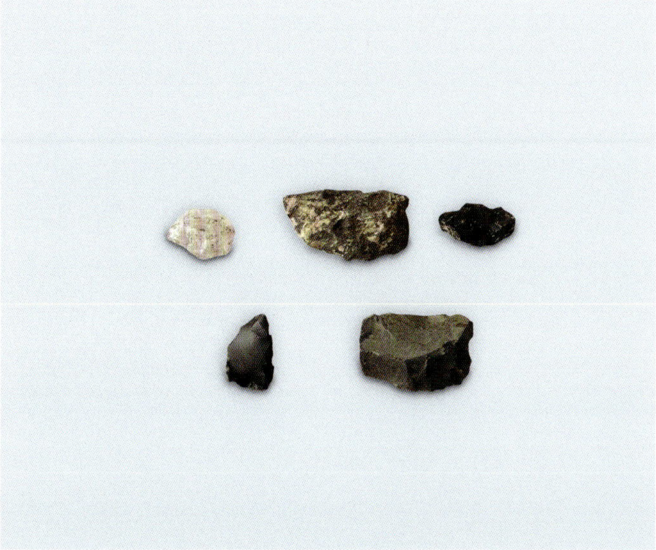
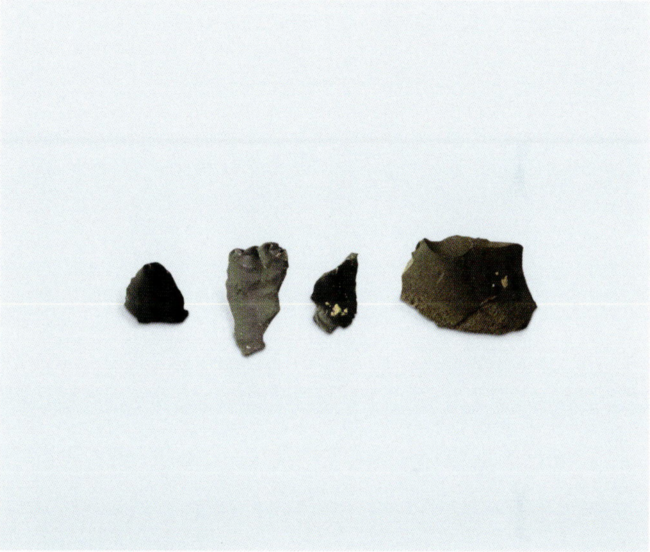

4	5
6	7
8	

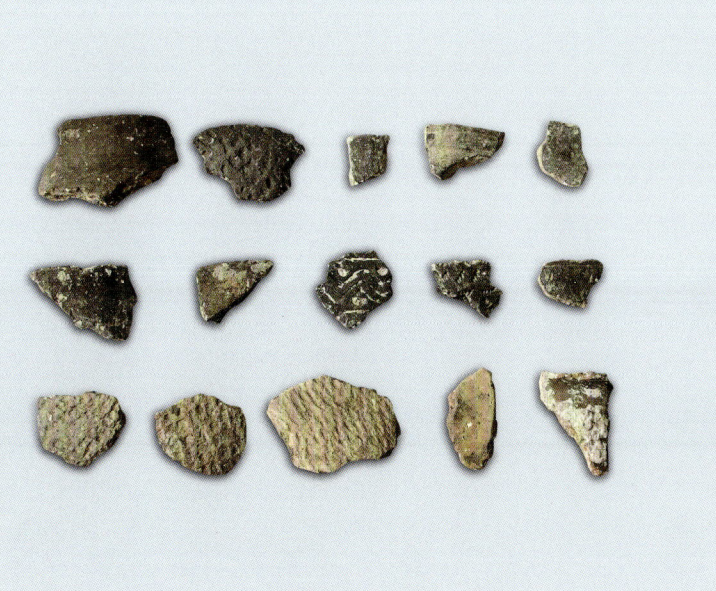

4 三叉洞遗址采集烧骨
5 三叉洞遗址采集动物牙齿和骨骼
6 三叉洞遗址采集石刮削器
7 三叉洞遗址采集石片
6 三叉洞遗址采集陶片

犀牛洞遗址

犀牛洞遗址位于贵安新区党武镇翁岗村三组，地理坐标为东经106°34′4.08″、北纬26°21′33.94″，海拔1235米。

2008年，贵州省文物考古研究所、花溪区文物管理所在"三普"期间调查发现；2016年，贵州省文物考古研究所、四川大学历史文化学院、成都文物考古研究院联合进行复查，在洞内文化堆积中出土石制品2件、陶器残片36件。

洞穴处在山间槽谷边缘地带，洞前为缓坡台地。洞呈岩厦状，洞口宽36.7米，高11.7米，深8.2米，相对洞前台地高度约7米。洞向西北（310°）。洞厅向阳，干燥明亮，面积较大。通过试掘洞前平地，地层可见2层。第1层：灰褐色黏土，疏松，包含少量陶器残片，厚约0.06米；第2层：黄褐色粉沙土，较疏松，包含石制品、陶片，厚约0.1米。其下未知。

石制品仅2件，面貌不清晰。陶器残片36件，数量相对较多，几乎全为手制，陶质以夹细砂陶为主，泥质陶较少。陶色多不纯正，以黄褐色、灰褐色、红褐色为主，黑色相对较少。大多数陶片有纹饰，其中以细绳纹最为普遍，其次为中绳纹和戳印纹。烧制火候多为中度，胎壁多较薄，以3～5毫米的为多。可辨器形的标本数量很少，可能为罐或钵。根据陶片特征初步判断，该遗址第2层的时代应为新石器时代晚期至商周时期。

1	2
3	4

1　犀牛洞遗址远景
2　犀牛洞遗址出土石片
3　犀牛洞遗址出土陶片
4　犀牛洞遗址出土陶片

牛角洞遗址

牛角洞遗址位于清镇市红枫湖镇大冲村上寨组，地理坐标为东经106°24′9.60″、北纬26°30′57.19″，海拔1244米。

2017年11月，贵州省文物考古研究所调查发现，调查期间于地层堆积中出土较多陶器残片，以及少量石制品和动物遗骨。

牛角洞遗址所在的大冲村位于清镇市西南约11千米、红枫湖镇西南约9千米。洞穴发育在山间盆地边缘石灰岩山体山脚处，洞前为较宽阔的盆地边缘坡地。洞口宽6.5米，高4.3米，深7.6米，相对洞前坡地高度约3米，洞朝向西南（250°）。牛角洞由主洞和一个支洞组成，主洞内保存较好。主洞内地层可分3层，第1层：黄褐色黏土，疏松，夹杂角砾，包含石制品、陶器残片，厚4～5厘米；第2层：灰褐色黏土，较疏松，包含动物烧骨、螺壳、石制品、陶器残片等，厚6～8厘米；第3层：黄褐色黏土，较致密，包含动物遗骨、螺壳、陶器残片等，厚10厘米未尽。

支洞在主洞右侧，洞朝向西南（226°），洞口宽3.8米，高2.5米，深4.5米。支洞堆积情况与主洞一致，亦发现了石制品、动物遗骨、陶器残片等遗物。

石制品仅4件，面貌不清晰。陶器残片65件，数量相对较多，几乎全为手制，陶质以夹砂陶占绝大多数，泥质陶很少。夹砂陶中又以夹细砂陶为主。陶色多不纯正，以红褐、灰褐两色为主，其他少见。绝大多数陶片带有纹饰，其中以细绳纹最为普遍，其次为中绳纹，另有少量戳印纹、篦划纹、刻划纹以及组合纹饰。烧制火候多为中度，胎壁多较薄，以3～5毫米的为主。可辨器形的标本数量很少，主要为罐类。

出土遗物的地层堆积较疏松，各层均含陶片，出土的动物遗骨亦未见石化，表明其时代不应早至晚更新世。陶片特征明显，可作为判断时代的主要依据，其主要特征与贵州境内新石器时代晚期至商周时期的陶器特征接近，据此初步判断该遗址第3层的时代应为新石器时代晚期至商周时期。

1 牛角洞遗址远景

2	3
4	5
6	7

2 牛角洞遗址近景
3 牛角洞遗址主洞
4 牛角洞遗址出土石片
5 牛角洞遗址出土动物骨骼
6 牛角洞遗址出土陶片
7 牛角洞遗址出土陶片

大观洞遗址

大观洞遗址位于贵安新区党武镇翁岗村二组，地理坐标为东经106°36′23.78″、北纬26°22′19.03″，海拔1140米。

2008年，贵州省文物考古研究所、花溪区文物管理所在"三普"期间调查发现；2016年，贵州省文物考古研究所、四川大学历史文化学院、成都文物考古研究院联合进行复查；2017年12月，贵州省文物考古研究所再次复查。后两次工作期间，在洞口采集陶器残片51件。

当地群众所称的大观洞，是指翁岗村二组附近的三个距离相近的洞穴，为便于记述，我们将洞穴从东向西依次编号为1、2、3号洞，其中1号洞位置较低，为消水洞；2号洞位于1号洞西侧位置稍高处，呈岩厦状；3号洞紧邻2号洞，洞口修建有晚清至民国时期的石墙，墙体保存较好。调查期间，在2号洞内及洞前发现陶器残片。2号洞洞口宽约5米，高约2.5米，深约4米，相对洞前洼地高度约2米。陶器残片均系地表采集，共51件，均为残片。

陶色多不纯正，以黑、灰褐色两色为主，红褐色、黄褐色相对较少。大多数陶片带有纹饰，其中以中绳纹最为普遍，其次为细绳纹，偶见附加堆纹。烧制火候多为中度，火候较高的标本亦较多。胎壁厚薄不一，多数显得略厚。可辨器形的标本数量很少，可能为罐或瓶。这些陶器的主要特征与贵州省境内商周时期的陶片共性较多，因此遗址中应存在商周时期的遗存。

1 大观洞遗址1号洞
2 大观洞遗址2号洞（右侧）
3 大观洞遗址2号洞采集陶片
4 大观洞遗址2号洞采集陶片

湖坝大洞遗址

湖坝大洞遗址位于安顺市平坝区羊昌乡牛草坪村以北400米处，地理坐标为东经106°16′51.28″、北纬26°20′25.23″，海拔1228米，相对高度5米。

2017年，贵州省文物考古研究所调查发现。洞穴前为一片湿地，乃当地村民放牛及马之地，洞口朝向北（5°），洞宽大，宽25米，高13米，深40米。洞中部为一上窄下宽的石柱，石柱前有一现代坟。洞内干燥平缓，较适合人类居住。洞内堆积保存较完整，无明显破坏。在洞穴东部清理的剖面来看，堆积分为3层：第1层为表土层，厚0.12米；第2层为黑褐土，厚0.08米，出土了陶片；第3层为灰白土，厚0.2米（未到底），出土了陶片、石器、烧骨等。出土的陶片均为夹砂陶，纹饰可见绳纹、交错绳纹、圆圈纹、附加堆纹、戳印纹等，可辨认的陶片有花边口沿、素面口沿等。

1 湖坝大洞遗址地层
2 湖坝大洞遗址近景
3 湖坝大洞遗址远景

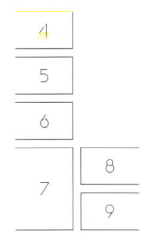

4　湖坝大洞遗址出土烧骨
5　湖坝大洞遗址出土骨头
6　湖坝大洞遗址出土石片
7　湖坝大洞遗址出土陶片
8　湖坝大洞遗址出土单刃石刮削器
9　湖坝大洞遗址出土单台面石核

杨家湾洞穴遗址

杨家湾洞穴遗址位于安顺市平坝区羊昌乡猫场村1组，地理坐标为东经106°20′50.2″、北纬26°24′30.5″，海拔1270米，相对高度约10米。方向154°。

2016年，贵州省文物考古研究所、四川大学历史文化学院、成都文物考古研究院联合调查所发现。其前面为山间小盆地。发育有石笋，洞宽24.7米，高8.7米，向内延伸25.5米，前面有一用较规整的石块砌的墙，靠右侧有一拱形门，石墙长24.7米，宽2米，高3.5米，其靠左侧有一马面。依据建筑形制来看，该石墙的年代应该为明清时期。在洞口前采集到陶片，陶质均为夹砂陶，颜色有黄褐色和灰褐色两种。仅部分装饰有绳纹。

洞前的地层堆积有两层，呈斜坡状。第1层为灰黑色黏土，包含有大量的植物根系，厚0.4米；第2层为黄色黏土，包含有少量的陶片，陶片全为夹砂陶，颜色有黄褐色和灰褐色两种，由于陶片很碎，分辨不出器形，部分装饰绳纹。第2层下即为生土。

1　杨家湾洞穴遗址远景
2　杨家湾洞穴遗址洞外环境
3　杨家湾洞穴遗址近景

4 杨家湾洞穴遗址洞口寨墙
5 杨家湾洞穴遗址洞内情况
6 杨家湾洞穴遗址洞口寨墙
7 杨家湾洞穴遗址采集陶片

白虎关洞穴遗址

白虎关洞穴遗址位于贵安新区马场镇大狗场村西北向的一座孤山上，距大马场寨子约500米。地理坐标为东经106°24′13.83″、北纬26°20′43.20″，海拔1267米，相对高度约40米。

2013年由贵州省文物考古研究所调查发现。洞口向西。洞前为一大坝子。洞口宽7米，高约5米。洞内平坦，面积约30平方米。洞口砌有石墙一道，石墙上有一门洞，墙体保存完好。调查时在洞内和洞口斜坡处均发现大量燧石片、夹砂绳纹陶片和石化的动物骨渣。该洞穴遗址保存较为完好，初步推测该洞为一新石器时代至商周时期的遗址。

1 白虎关洞穴遗址远景
2 白虎关洞穴遗址远景
3 白虎关洞穴遗址洞内情况
4 白虎关洞穴遗址采集遗物

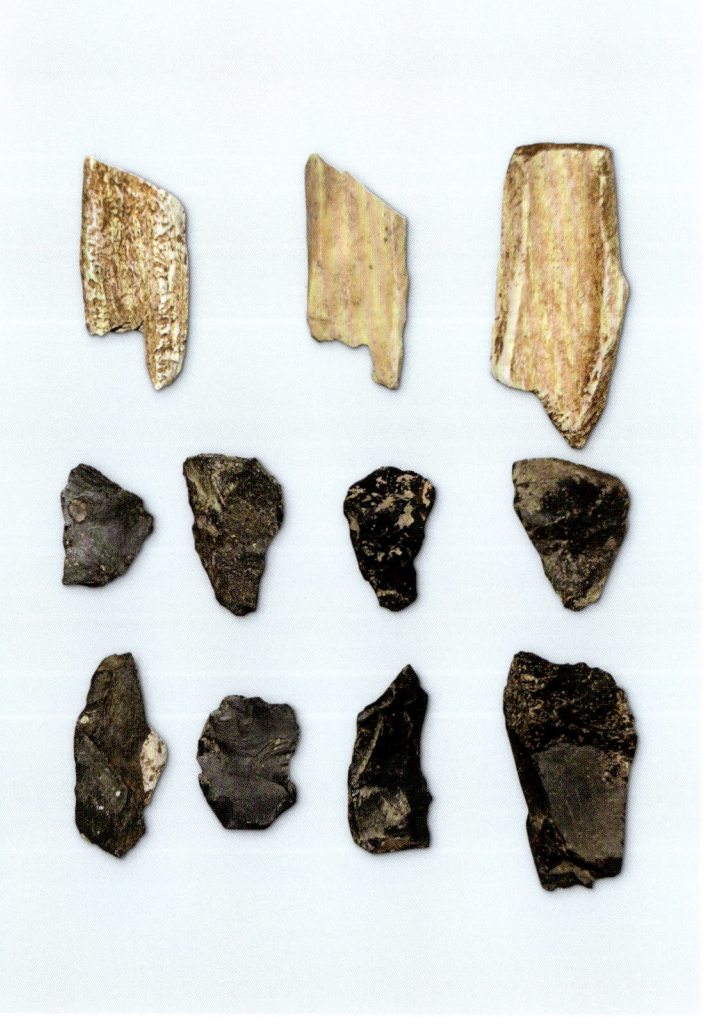

洞脚遗址

洞脚遗址位于贵安新区马场镇嘉禾村长陇寨，地处长陇寨所在山间谷地北侧山脉南坡山脚处，靠近村寨，当地人称其为洞脚。地理坐标为东经106°24′44.34″、北纬26°21′57.87″，海拔约1322米。

2013年，贵州省文物考古研究所调查发现。洞口朝南，洞宽10米，高约9米，深约5米，距山前平坝相对高度约5米。采集到陶器残片、动物碎骨、烧骨等，皆出土于洞内包含角砾的灰褐色堆积中。陶器残片计有80余片，均夹砂陶，陶质松软，火候不高；陶色以红褐色为主，灰褐色次之；多数陶片外壁饰有纹饰，以绳纹为主，此外还有弦纹、戳印纹、圆圈纹、附加堆纹等，部分陶器纹饰组合比较复杂。遗址的时代约在新石器时代晚期至商周时期。

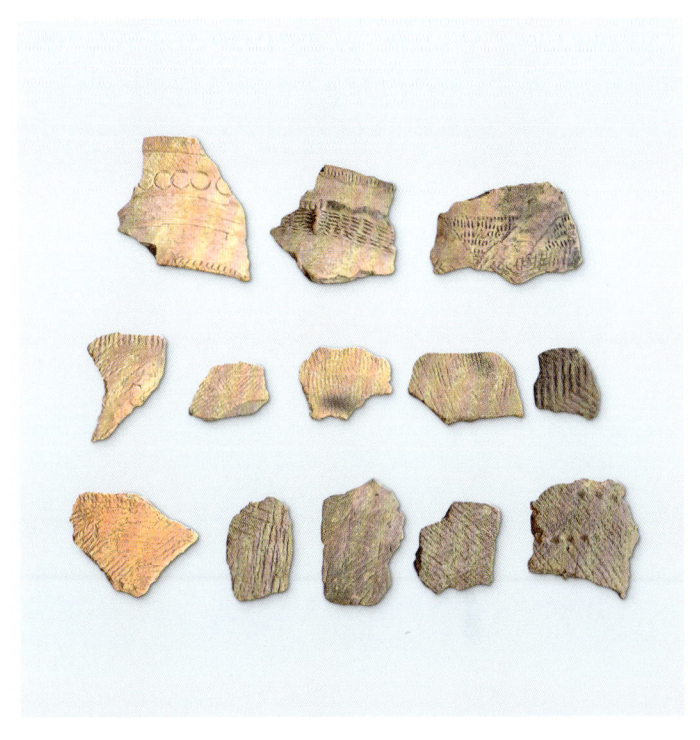

| 1 | |
| 2 | |

1 洞脚遗址采集陶片
2 洞脚遗址远景

坡墩洞遗址

坡墩洞遗址位于贵安新区马场镇嘉禾村长陇寨，地处长陇寨所在山间谷地南侧山脉北坡半山腰处，当地仡佬语称其为坡墩洞（音译）。地理坐标为东经106°24′28.1″、北纬26°21′46.6″，海拔约1300.5米。

2013年，贵州省文物考古研究所调查发现。洞向西北，洞宽约14米，高约6米，深约30米。洞内平面呈南北狭长斗状，由外向内收缩。地面向内倾斜，并成三级阶梯状，第1、2阶高度相差近1米，第2、3阶高度相差近4米；洞口外坡度较陡，洞口距山脚地面相对高度约50米。采集标本只有陶器残片。计15片，皆为夹砂陶，砂粒较粗，陶质松软，火候不高；陶色以红褐和灰褐为主；多数陶片外壁饰有纹饰，以绳纹为主，还有弦纹、圆圈纹、篦划纹，陶片均细碎，器形难辨。遗址的时代约在新石器时代晚期至商周时期。

1 坡墩洞遗址洞口
2 坡墩洞遗址远景

择 洞 而 居　　◆ 077 ◆

3　坡墩洞遗址远景
4　坡墩洞遗址洞内情况
5　坡墩洞遗址采集陶片

穿洞山遗址

穿洞山遗址位于贵安新区马场镇三台村八组穿洞山北侧半山腰上，该遗址共有3个洞穴，依其相对位置自东向西分别编号为A、B、C三个洞，地理坐标为东经106°26′12.66″、北纬26°23′22.45″，海拔1255米。

2013年由贵州省文物考古研究所调查发现。

A洞距地面约8米，该洞所在的穿洞山东北侧为一大片平缓的坝子，坝子中间有马场河流过，地理环境极为优越。洞口略呈圆角方形，洞口朝北，洞口与洞外耕地高差约1.5米，洞宽3.2米，高3.6米，深7.2米。洞厅呈不规则圆形，略潮湿，洞内长有青苔及其他植物，地表有较厚的砾石层和近现代生活垃圾，包括酱釉瓷片、青花瓷片等。洞顶有钟乳石发育，地表堆积有较多岩石块及现代垃圾。

该洞堆积可分为2层，第1层土为黑褐色现代土层，厚约0.15米，土质疏松，含有较多的小砾石、植物根系、晚期的青花瓷片及一些现代垃圾；第2层为黄褐色土，质松软，夹有小砾石及植物根系，此层出土了陶片、螺壳、蚌壳及动物烧骨。

1. 穿洞山遗址远景
2. 穿洞山遗址A洞内情况
3. 穿洞山遗址A洞近景
4. 穿洞山遗址A洞出土遗物

B洞西距A洞约11米。洞口略呈拱形，与洞外耕地高差约1米。洞宽约2.8米，高约3米，深约2米。洞厅呈半圆形，较干燥，不见有钟乳石发育，洞内堆积有较多的岩石块及现代垃圾，洞内地表较洞口低约0.5米，这应是后期破坏所致。

B洞外缓坡地层大致可分为2层，第1层厚约0.1米，为现代扰土层，含较多植物根系、现代垃圾以及岩石块，在其内包含了陶片及螺壳等遗物；第2层厚约0.4米，未到生土，浅黄褐色土，土质疏松，内含较多的岩石块、胶结土、陶片、石器、烧骨等遗物。

C洞距地面约14米，洞口外为陡坡，洞总宽

5 穿洞山遗址B洞出土遗物
6 穿洞山遗址B洞内情况
7 穿洞山遗址B洞近景

约13.8米，C洞可以分为东西两个小洞，东洞为穿洞，北侧洞口朝北，东洞口高约7米，长约16.6米，通风条件好，且干燥，东洞口开阔，洞厅北侧较狭窄，中部略收，南部较宽，并被岩石分为两部分，但均不够平坦；西洞洞口朝向东北，宽约4米，高3米，深约8米，洞厅略呈椭圆形，洞内平坦，洞口开阔。

该遗址的3个洞穴出土了大量的遗物，主要以陶片为主，次为石器、烧骨，以及少量螺壳及蚌壳。

陶片极为丰富，以夹砂陶为主，陶质较薄且细腻，夹砂极细，陶片多均较碎，仅部分口沿片可以看出器物为敛口及敞口造型，陶色以黄褐色、灰黄色、灰白色为多，部分陶片陶色不均，外侧多为黄褐色，内侧多为灰色或灰黑色，中间多夹粗砂且呈黑色，纹饰以绳纹为主，弦纹次之，少量黄褐陶有明显的磨光痕迹，少量细绳纹纵向分布于口沿片上，尚有部分复杂纹饰。例如，在A洞出土陶片的平行附加堆纹上压印绳纹；B洞的陶片上有类似环形太阳的刻划纹，环线内有深浅不一的刻划纹，纹饰制作较粗糙简陋；在一些陶片上还发现了组合纹饰，这些组合纹饰包括B洞出现的圆圈纹和附加堆纹的组合，还有C洞的附加堆纹、连续的圆圈纹、纵向的刻划纹和横向的刻划纹的组合。从出土的口沿片看，该遗址陶器器形主要以敞口和直口为主。

石器均为燧石质石片，多有明显的打击点、打击泡及同心波纹，B洞的1件石器尚留有石皮，打击台面未见有明显的修理痕迹，打击点明显，有打击泡和同心波纹。

烧骨均细碎，石化程度较高，部分烧骨灼烧痕迹明显，质地较坚硬，动物种属不明。

蚌壳和螺壳较少，且细碎，种属也不明。

从该遗址出土的陶片看，该遗址三个洞的年代应该属于同一时期，推测均在商周时期。

8 穿洞山遗址C洞近景

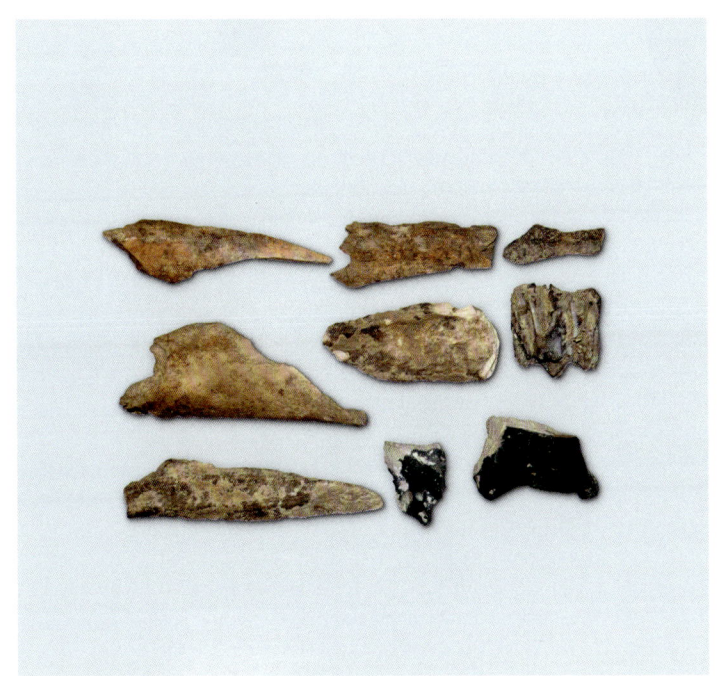

9　穿洞山遗址C洞近景
10　穿洞山遗址C洞出土遗物
11　穿洞山遗址C洞出土遗物

对门寨牛洞遗址

对门寨牛洞遗址位于安顺市平坝区夏云镇毛栗园村对门寨组。地理坐标为东经106°20′16.94″、北纬26°28′39.24″，海拔约1252米，相对高度约50米。

2017年，贵州省文物考古研究所调查发现。洞口朝向225°。洞宽6.75米，高约8.56米，深20.34米。洞前方为一大块平地，洞口往里3米后斜坡向下，有后人修筑的石梯，洞内扰乱较为严重，在洞内右侧的小偏洞内发现动物牙齿和骨头、陶片及磨制石器一块；于洞中间的乱石中也发现动物骨骼、陶片和磨制石器，总计发现2件石斧。

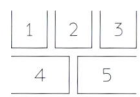

1 对门寨牛洞遗址采集石斧
2 对门寨牛洞遗址采集石斧
3 对门寨牛洞遗址采集石片
4 对门寨牛洞遗址采集动物牙齿
5 对门寨牛洞遗址采集骨器、石器

6　对门寨牛洞遗址近景
7　对门寨牛洞遗址远景
8　对门寨牛洞遗址洞内情况

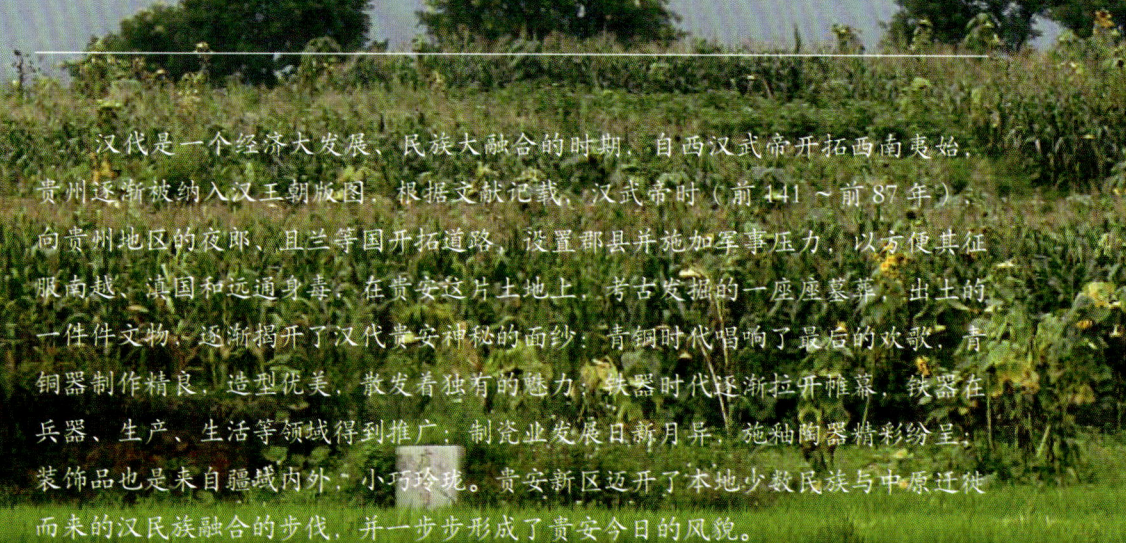

　　汉代是一个经济大发展、民族大融合的时期。自西汉武帝开拓西南夷始，贵州逐渐被纳入汉王朝版图。根据文献记载，汉武帝时（前141~前87年），向贵州地区的夜郎、且兰等国开拓道路，设置郡县并施加军事压力，以方便其征服南越、滇国和远通身毒。在贵安这片土地上，考古发掘的一座座墓葬，出土的一件件文物，逐渐揭开了汉代贵安神秘的面纱：青铜时代唱响了最后的欢歌，青铜器制作精良，造型优美，散发着独有的魅力；铁器时代逐渐拉开帷幕，铁器在兵器、生产、生活等领域得到推广；制瓷业发展日新月异，施釉陶器精彩纷呈；装饰品也是来自疆域内外，小巧玲珑。贵安新区迈开了本地少数民族与中原迁徙而来的汉民族融合的步伐，并一步步形成了贵安今日的风貌。

　　魏晋南北朝是一个混乱的时代，频繁的改朝换代，弱肉强食的丛林法则在这个时代分外鲜明。中央王朝式微，失去了中原文化的强大影响力。这一地区的墓葬中开始出现较为浓郁的地方风格，墓葬多以石室墓为主，不见当时中原地区盛行的墓志铭和买地券；大量的饰品，有金、银、玛瑙、琥珀等各种材质。中原文化的影响依然强烈，表现在器物组合上较为明显，出土了较多的鸡首壶、水注等典型器物。出土茶具和酒具，显示出那个时代崇文尚玄、嗜茶乐饮、狂放不羁的时代风格。

　　唐太宗主张"视四海如一家，封域之内，皆朕赤子"，并以此思想经营边疆，积极向四夷扩展。在管理策略上，推行经制州与羁縻州并行的制度。

汉唐风韵

汉代聚落

金家大坪遗址

金家大坪遗址位于安顺市平坝区夏云镇东南1千米处乡道左侧台地上，分布面积约2000平方米，地理坐标为东经106°18′16.1″、北纬26°23′52.1″，海拔1258.9米。遗址周围为玉米地和水田，东北为金银小学，西南为上洞组，北面为金银自然村，东南为新院组。

1956年6月贵州省博物馆考古队文物普查时发现该遗址，采集了大量绳纹陶片。初步判定其为汉代遗址。

金家大坪遗址（西北—东南）

赖坟包遗址

赖坟包遗址位于安顺市平坝区夏云镇金银村小学西南100米处庄稼地中。地理坐标为东经106°18′12.5″、北纬26°24′2″，海拔1258.9米。遗址周围全是玉米地，周边山上植被较好，有古人类洞穴遗址数个。水资源充足，土地肥沃，盛产大米，羊昌河支渠从遗址旁经过。

1956年贵州省博物馆考古队文物普查时发现该遗址，遗址分布面积约2000平方米，出土了大量绳纹陶片。经专家研究论证确定其为汉代遗址。

赖坟包遗址（东北—西南）

营盘顶遗址

营盘顶遗址位于安顺市平坝区夏云镇金银村新院组西北面100米处台地上。台地四周有水田和玉米地，羊昌河支渠从遗址边上经过，周边岩山上植被较好，有古人类洞穴遗址数个，水资源充足，土地肥沃。地理坐标为东经106°18′11″、北纬26°23′43.9″，海拔1260米。

1956年贵州省博物馆考古队文物普查时发现该遗址，遗址分布面积约3000平方米，在地面采集到大量绳纹陶片，遗址如今已全垦为耕地，村民翻地时尚可掘出少许绳纹陶片和筒瓦残片。经专家研究判定其为汉代遗址。

1 营盘顶遗址采集绳纹瓦当残片、瓦片、陶片
2 营盘顶遗址全景（东北—西南）

墓葬

大西桥汉墓群

大西桥汉墓群位于安顺市西秀区大西桥镇大西桥村东400米农田中。地理坐标为东经106°7′40.6″、北纬26°20′31.2″，海拔1309.3米。

大西桥墓群汉代墓葬5座，分布在1.2平方千米范围内，有封土堆，圆丘形，大小不等，大者底径20米，封土高4.5米，小者底径12米，封土高2.5米。其中一座墓葬多次被盗，现可见盗洞直径约0.8米，墓室为石头垒砌。

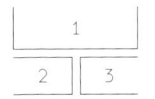

1　大西桥汉墓群远景（西—东）
2　大西桥汉墓群近景（北—南）
3　大西桥汉墓群盗洞

金家大坪汉墓群

金家大坪汉墓群位于安顺市平坝区夏云镇东南1千米处乡道左侧台地上，分布面积850平方米。地理坐标为东经106°18′16.1″、北纬26°23′52.1″，海拔1258.9米。

1956年贵州省博物馆考古队在此进行文物普查时发现，墓葬封土堆呈圆丘形，底径约20米，高约2米。1956年发掘2座，其中1座为"凸"字形砖室墓，墓室长5.3米，宽2.75米，残高0.94米，墓道长1.6米，宽1.83米，出土陶罐2件、青瓷罐、碗各1件，铁钉1件，专家考证确定墓葬为东汉至南朝时期。1982年贵州省人民政府将其列为省级文物保护单位。

1 金家大坪汉墓出土陶罐

2 金家大坪汉墓出土联璧纹长方形砖

赖坟包汉墓群

赖坟包汉墓群位于安顺市平坝区夏云镇金银村小学西面100米处,分布面积1000平方米,属东汉晚期墓葬。地理坐标为东经106°18′12.5″、北纬26°24′2″,海拔1258.9米。

1954年贵州省博物馆考古队在此进行文物普查时发现多座墓葬,后在水利建设工程中出土双耳釉陶壶1件,经专家考证确定墓葬时代为东汉晚期,后来的农业生产活动中对其破坏严重。其封土堆被破坏,出土几何纹、柿蒂纹墓砖。现在已无墓葬封土特征。1982年被公布为省级文物保护单位。

赖坟包汉墓出土双耳釉陶壶

老鸡场汉墓

老鸡场汉墓位于安顺市平坝区夏云镇老鸡场东北500米。地理坐标为东经106°19′42.3″、北纬26°25′12.7″，海拔1249.9米。

现存墓葬1座，占地面积300平方米。封土堆呈圆丘形，直径16.5米，高2.5米。1957年曾发掘2座，均系"凸"字形券顶砖室墓，由于盗扰严重，随葬品无存。在墓地采集到陶罐片、五铢钱、漆器。1982年被公布为省级文物保护单位。

1 老鸡场汉墓出土几何纹墓砖
2 老鸡场汉墓远景（南—北）

芦荻哨墓群

芦荻哨墓群位于贵阳市清镇市红枫湖镇芦荻村芦荻哨，地理坐标为东经106°26′48.9″、北纬26°27′45.6″，海拔1333.9米。发现有汉代至宋代墓葬数座，20世纪修红枫湖水库后，墓葬被淹没于水底。

1959年贵州省博物馆对该墓地进行发掘，汉墓形制一般为长方形竖穴土坑墓，出土器物有陶罐、陶壶、铁刀等；六朝墓有土坑墓和石室墓两类，出土器物有陶罐、陶纺轮、铁鼎等；宋墓也为土坑墓，出土器物有陶器、铁刀、铁矛、铁棺钉等。

1 芦荻哨墓群远景（西—东）
2 芦荻哨墓群出土铁鼎
3 芦荻哨墓群出土铁矛

平林汉墓群

平林汉墓群位于安顺市平坝区白云镇平庄村西北1千米，地理坐标为东经106°13′54.3″、北纬26°20′29″，海拔1273.4米。

平林共有汉墓6座。1957年发掘4座，墓葬形制有长方形竖穴土坑墓与长方形券顶砖室墓两种。由于被盗扰严重，仅出土陶罐3件，陶釜2件，铜戒指2件，银戒指1件，铁刀2件，琥珀、料珠4件。现存古墓封土堆较完整，呈圆丘形，底径约15米，高2米。1982年被公布为省级文物保护单位。

1 平林汉墓群远景

2 平林汉墓群近景

平桥汉墓群

平桥汉墓群位于安顺市平坝区夏云镇桥上村东北,距贵黄公路20米,分布面积800平方米。地理坐标为东经106°18′28.3″、北纬26°26′32.3″,海拔1260.2米。

平桥汉墓群原有墓葬6座,现存2座,封土堆呈圆丘形,底径15~20米,高2米。1999年抢救发掘1座,出土陶罐4件、残铁斧1件。墓葬年代为东汉时期。

平桥汉墓群远景

平庄汉墓

平庄汉墓位于安顺市平坝区白云镇平庄村西南500米小茶坡，地理坐标为东经106°13′49″、北纬26°20′24″，海拔1274.3米。原有汉墓5座，其中4座封土已不存，现仅存一座墓堆，封土堆呈长方形状，长5米，宽3.2米，残高1.3米，占地面积16平方米，四周为耕地。未发掘，因具有重要的历史价值，1982年被公布为省级文物保护单位。

1 平庄汉墓近景

2 平庄汉墓盗洞

3 平庄汉墓汉砖

土门寨汉墓

土门寨汉墓，位于贵阳市清镇市红枫湖镇民联村，地理坐标为东经106°22′33.2″、北纬25°30′05.5″，海拔1237米。原有汉代墓葬5座，20世纪修红枫湖水库后，墓葬被淹没于水底，具体情况现已无法调查。

1959年贵州省博物馆发掘了其中2座，均为长方形竖穴土坑墓。墓室长3.3米，宽2.1米，残深0.37米。出土陶罐、铜鍪、铜带钩、铁三脚架、石砚、银戒指、琉璃饰等13件。

土门寨汉墓远景

肖家庄汉墓群

　　肖家庄汉墓位于安顺市平坝区白云镇肖家村肖家庄东北约1千米瓦窑坡，地理坐标为东经106°13′4.5″、北纬26°19′32.4″，海拔1272.4米。

　　该墓地共发现墓葬50余座，其中汉墓15座，宋、明墓35座，分布面积3000余平方米，未发掘。1982年2月被公布为省级文物保护单位。

1
2

1　肖家庄汉墓群远景
2　肖家庄汉墓群近景

新堡汉墓群

新堡汉墓群位于安顺市平坝区夏云镇小山村新堡东北，分布面积1000平方米。地理坐标为东经106°20′47.8″、北纬26°25′56.4″，海拔1251米。

墓葬尚存4座，其中M1地表已被新堡小学校舍覆盖，M2被村民垦为耕地，M3、M4位于新堡寨后山看牛坡水沟坎上，坐北朝南，封土呈长圆丘形，其中，M3长18.9米，宽14.2米，高2米；M4长16.2米，宽14.9米，高2米。两墓相距15米。1959年发掘、采集的陶片、五铢均系汉代。1982年2月被公布为省级文物保护单位。

1　新堡汉墓群远景
2　新堡汉墓群近景

琊珑坝墓群

琊珑坝墓群分布于贵阳市清镇市红枫湖镇琊珑坝、苗坟坡一带。地理坐标为东经106°24′10.1″、北纬26°31′7.5″，海拔1240.1米。

琊珑坝墓群有圆丘形封土堆20余座，部分保存完好。其中1号墓封土最大，底径15.7米，高3.27米。1957~1959年发掘21座，有长方形竖穴土坑墓、长方形与"凸"字形券顶砖室墓、长方形券顶石室墓三种。出土各类器物近200件，五铢、大泉五十钱数百枚。其中陶器有罐、壶、钵、甑、碗、纺轮以及房屋、鸡、马、狗等模型；铜器有钺、矛、洗、壶、瓶、鍪、盘、豆、灯、簋、镰斗、耳杯、镜、带钩、戒指等；铁器有刀、剑、削、铲、锥、三脚架等；漆器有盘、耳杯两种，其中2件漆耳杯刻有文字"元始三年广汉郡工官造"，1件漆耳杯刻有文字"元始三年蜀郡西工造"。另有银手镯、银戒指、琥珀饰、琉璃饰等装饰品。墓葬年代为西汉晚期至东汉初期。20世纪修建红枫湖水库后，墓葬被淹没于水底，具体情况现已无法调查。

1 琊珑坝M15出土西汉龟座踞人铜灯
2 琊陇坝墓群远景

营盘汉墓

营盘汉墓位于安顺市平坝区夏云镇金银村新院组西北面100米处台地上，分布面积1000平方米。地理坐标为东经106°18′11″、北纬26°23′43.9″，海拔1260米。

20世纪50年代，该地进行水利工程建设时有花纹砖和筒瓦、方格纹硬陶罐出现。贵州省博物馆考古队在文物普查工作中发现并确定为东汉晚期墓葬。1982年贵州省人民政府将其评为省级文保单位。残存墓葬1座，底径6米，残高1.5米。后来的农业生产活动导致墓葬封土堆完全从地面消失。

1 营盘汉墓出土方格纹硬陶罐
2 营盘汉墓远景

余家龙滩墓群

余家龙滩墓群位于贵阳市清镇市红枫湖镇民联村，地理坐标为东经106°22′5.9″、北纬26°30′19.2″，海拔1239米。原有汉代墓葬5座，20世纪修红枫湖水库后，墓葬被淹没于水底，具体情况现已无法调查。

贵州省博物馆曾于1959年发掘其中4座。1座为汉墓，3座为六朝墓。有土坑墓与石室墓两种类型。83号墓封土呈圆丘形，底径10.6米，残高1.35米。"凸"字形券顶石室墓，墓室长3.82米，宽1.2米，残高1.2米。早年均被盗。出土陶罐、青瓷壶、铜豆、铜灯、铁三脚架、金珠、银戒指、琥珀饰等10余件。

余家龙滩墓群远景

沙坡、杨家桥墓群

2013年，为配合贵安新区及磊庄至马场公路建设，贵州省文物考古研究所对公路施工范围及周边地区进行了比较细致的调查勘探工作，新发现了沙坡和杨家桥2处魏晋南朝至明清时期古遗址，经初步钻探证实，遗址区内存在一些早晚不同时期的古墓葬。2014年2~5月，我们对沙坡遗址进行了系统发掘，并在杨家桥遗址进行了大规模的系统钻探工作，新发现魏晋南朝至宋明时期古墓葬70余座，并对其中的3座墓葬进行了清理，取得了一些新的收获和认识。

经过清理的3座魏晋南朝时期墓葬，分别位于沙坡遗址和杨家桥遗址范围内，其中沙坡遗址2座，编号分别为沙坡遗址GMSM1、GMSM2；杨家桥遗址1座，编号为GMYM1。

1 沙坡墓群近景
2 沙坡墓群发掘现场
3 沙坡墓群发掘现场
4 沙坡墓群 M1 近景

5 杨家桥 M1 出土四系陶罐
6 杨家桥 M1 出土四系陶罐
7 杨家桥 M1 出土四系陶罐

三座墓葬中，GMYM1保存最好，出土遗物也最为丰富。该墓系长方形券顶石室墓，由封土、墓门、墓室、排水沟等部分组成。据调查，此墓墓室上方原有较大封土堆，现仅存局部。墓室基本位于封土正中，依丘陵地势而建，墓门位于低矮处，墓向192°。墓门及墓室用大小不等、一面加工平整的石块砌成，内壁平整，外壁参差不齐。墓顶则用大小不一的石块竖砌成券顶状，墓底夯打坚实，未铺石块。墓顶券顶弧度较低，石块凌乱难以承重，且墓室内填土致密，无大面积水浸迹象。因受地形和挤压作用影响，墓室有所变形，墓口长、宽大于墓底长、宽。墓口长4.72米，宽1.6米；墓底长4.16米，宽1.2～1.32米；墓底至墓顶高1.22米。排水沟设于墓门外右侧，系先挖基槽，再用石块砌筑，残长4.2米，宽0.3米。墓内人骨已全部腐朽，葬式不明；棺木痕迹亦无存，仅存铁棺钉多枚。出土遗物有四系陶罐、陶釜、漆器（仅存漆皮）、铁三脚架、铜手镯、铜戒指、料珠、圆形金片、铜饰等。通过仔细的清理和分析可知，该墓的具体构建方式当为先于平地营建墓室四壁及墓外排水沟，置入棺木后，封堵墓门，而后填土于墓室，再于墓顶摆放石块形成象征性券顶，最后覆盖封土。

GMSM1保存亦较好，系一长方形券顶石室墓，由封土、墓门、墓室三部分组成，墓向280°。据调查早年此处存在一大型土丘，当为封土，惜今已不存。墓室依丘陵地势而建，墓门位于低矮处。墓门及墓室用大小不等、一面加工平整的石块砌成，内壁平整，外壁参差不齐。墓顶用大小不一的石块竖砌成券顶状，与GMYM1相同，皆为象征性券顶，墓底夯打坚实，未铺石块。由于墓顶部石块凌乱无承重力，为安全计，故采用自顶向下的揭露方式。墓室内填土坚硬致密，出土散乱棺钉数枚。墓口长4.2米，宽0.46～0.62米；墓底长3.34米，宽0.7～0.76米；高0.96米。该墓早年曾遭盗掘，于墓门和墓后室发现盗洞各一个，墓内人骨无存，亦不见棺木痕迹，葬式不明。出土遗物仅铜片2枚。

GMSM2发现时已暴露于断壁上，仅存墓室前部。系一长方形券顶石室墓，墓向32°，残存封土、券顶残部、墓室前部、墓门、排水沟等。墓室依丘陵地势而建，墓门位于低矮处，用大小不等、一面加工平整的石块砌成，使内壁平整，而外壁参差不齐，券顶起券弧度较大，墓底平整，不铺石块，于中部设排水沟。填土较细密，含沙量大，夹杂有部分垮塌的券顶石块，内出土散乱棺钉2枚。墓底残长1米，宽1.44米，墓底到墓顶高1.55米。墓内的人骨架已全部腐朽，不见棺木痕迹，葬式不明。

魏晋南朝时期考古是贵州历史时期考古的薄弱环节之一，此次系统钻探与发掘取得了一些新的成果，为更加深入地认识贵州魏晋南朝时期的考古学文化面貌提供了新的资料，具有重要的学术意义。

8
9

8　杨家桥 M1 出土料珠串
9　杨家桥 M1 出土玛瑙珠

万人坟墓群

万人坟墓群位于贵安新区马场镇马场村东北1千米处，分布面积1500平方米。地理坐标为东经106°27′11.6″、北纬26°24′39.6″，海拔1230.8米。

1965～1966年贵州省博物馆考古队在此发掘东晋墓2座，六朝墓3座。东晋墓皆为土坑墓。其中35号墓封土呈圆丘形，底径17～18.6米，残高1.5米。墓室平面呈"凸"字形，长4.32米，宽2米，高0.78～1.07米。正中设棺床。南北有排水沟。后壁为二层台。墓室南端有墓道，长4.09米，宽1.59～2.03米。墓道正中有一石块砌成的排水沟直通封土外，长9.22米，上盖乱石。六朝墓3座，为长方形与"凸"字形券顶石室墓。出土陶、青瓷、铜、金、银等器物210多件，玛瑙、琥珀、料珠数百件。1982年平坝县政府将其与另外几处古墓葬合并，命名为"六朝墓"，并列为县级文物保护单位。

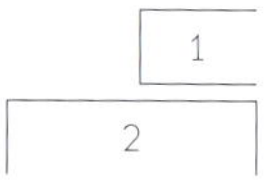

1 万人坟M34出土东晋"长宜子孙"铜镜
2 万人坟墓群远景

3 万人坟 M34 出土东晋三足双鱼铜洗
4 万人坟 M34 出土东晋四系青瓷罐
5 万人坟 M34 出土东晋带盖六系青瓷罐
6 万人坟 M34 出土东晋六系青瓷罐
7 万人坟 M34 出土东晋堆塑莲瓣纹青瓷罐
8 万人坟 M34 出土东晋四系黑陶罐

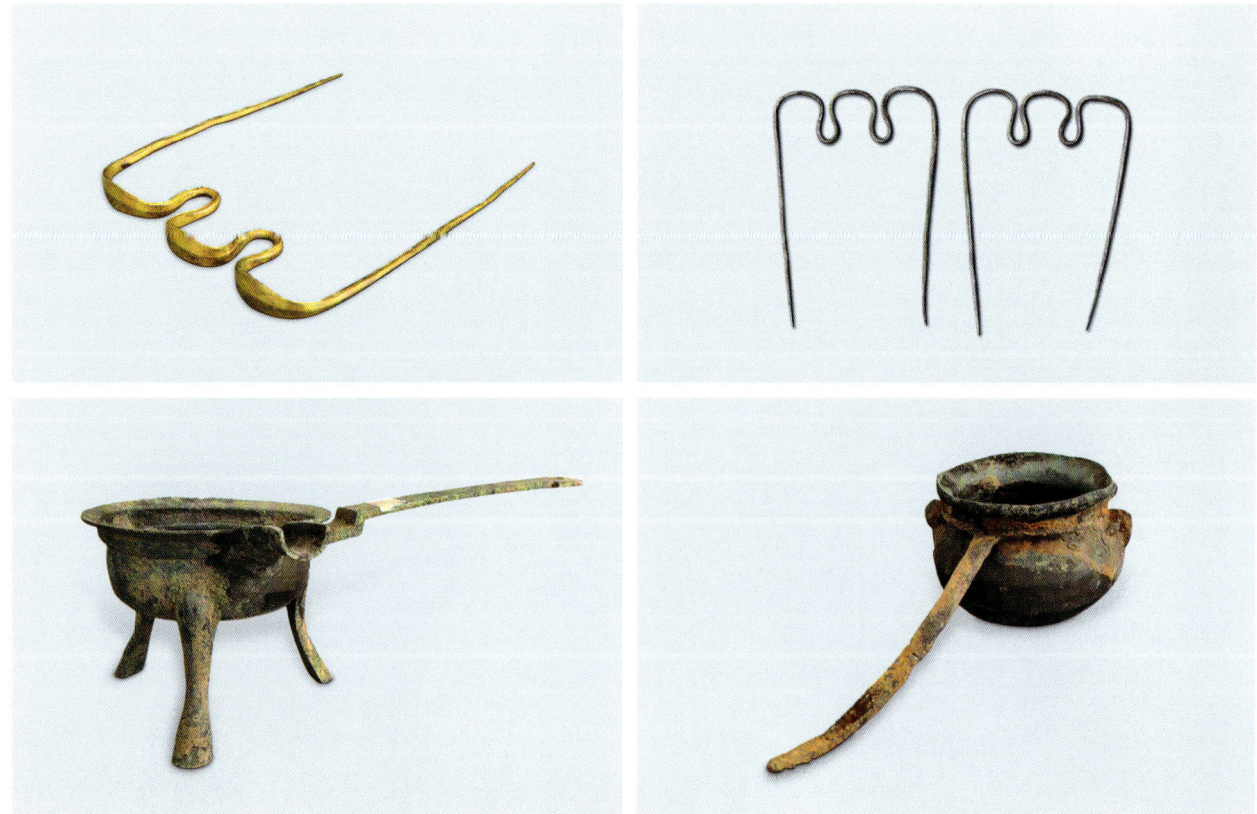

9 万人坟 M34 出土六朝金花发针
10 万人坟 M34 出土东晋金花片
11 万人坟 M34 出土东晋金发钗
12 万人坟 M34 出土东晋银发钗
13 万人坟 M34 出土东晋铜鐎斗
14 万人坟 M34 出土东晋带把铜釜

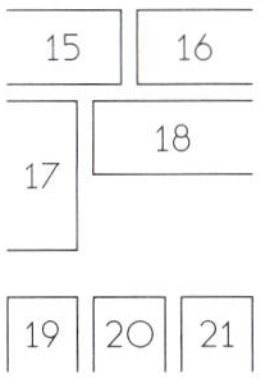

15 万人坟 M36 出土六朝双耳小铜釜
16 万人坟 M36 出土六朝带盖铜盏托
17 万人坟 M48 出土六朝青瓷鸡首壶
18 万人坟 M42 出土六朝带把铜釜
19 万人坟 M38 出土东晋青瓷盘口壶
20 万人坟 M38 出土东晋四系青瓷罐
21 万人坟 M38 出土东晋小瓷碗

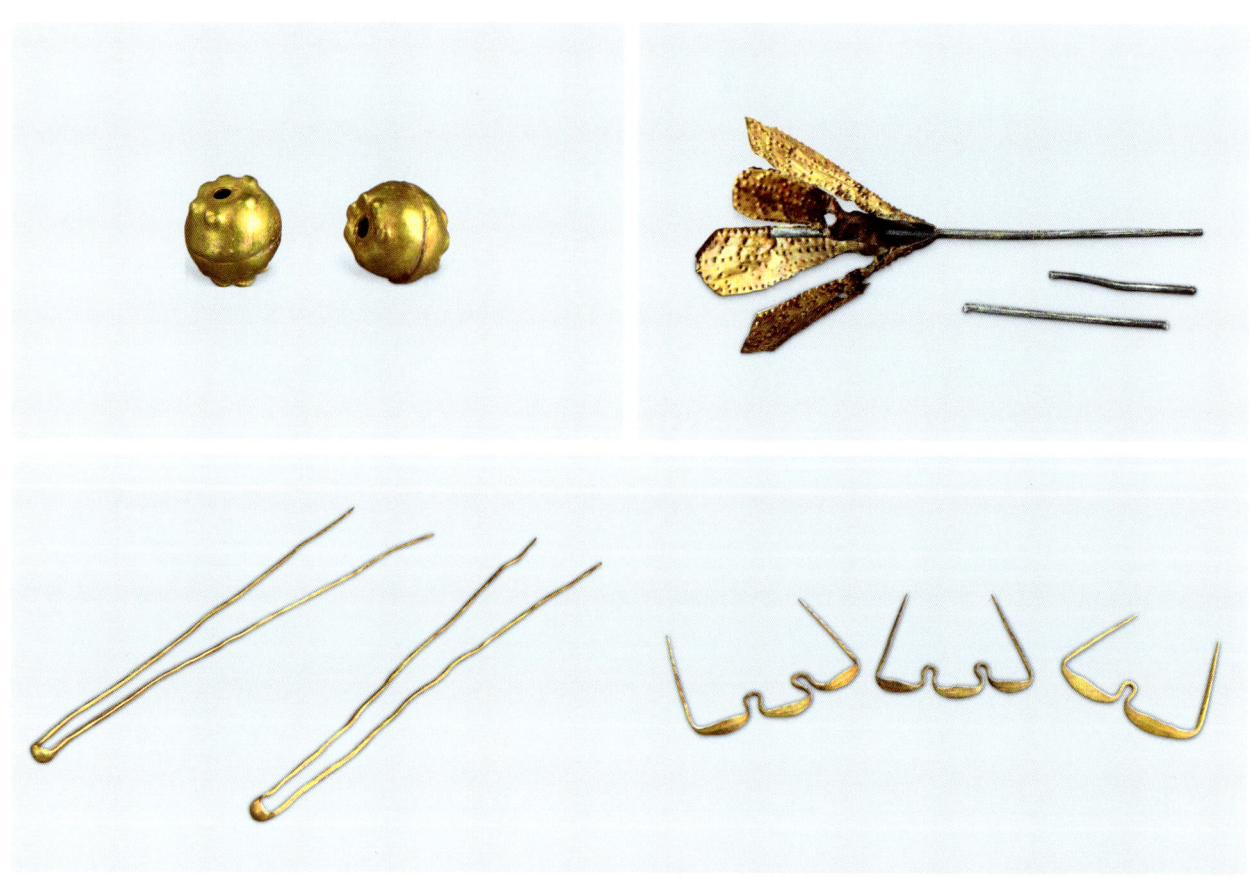

22	23
	24
25	26

22　万人坟 M37 出土东晋金珠
23　万人坟 M37 出土六朝金花发针
24　万人坟 M37 出土六朝金发钗
25　万人坟 M37 出土六朝金花片
26　万人坟 M37 出土六朝金花片

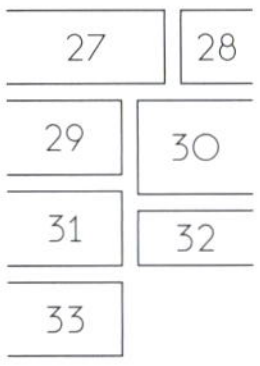

汉唐风韵 ◆ 111 ◆

27	28
29	30
31	32
33

27 万人坟 M37 出土六朝铁柄铜镰斗
28 万人坟 M37 出土六朝铁棺钉
29 万人坟 M37 出土六朝银挖耳插针
30 万人坟 M37 出土六朝镶嵌银发钗
31 万人坟 M37 出土六朝银顶针
32 万人坟 M37 出土六朝银铃
33 万人坟 M37 出土六朝神兽铜镜

夏云尹关、母猪龙潭墓群

夏云尹关、母猪龙潭墓群位于安顺市平坝区夏云镇夏云村尹关河畔和母猪龙潭、桥上村桥上等处，分布面积约1000平方米，为东汉墓葬。地理坐标为东经106°18′27.8″、北纬26°26′30.7″，海拔1284.2米。

1956年贵州省博物馆考古队进行文物普查时发现，1957年2月下旬至3月底，在尹关清理了4座南朝墓葬，其中2座为长方形券顶石室墓，另外2座为土坑墓，出土遗物有釉陶罐，铜器有釜、镰斗、三足洗、杯、手镯、戒指等，铁器有与铜釜组合的四足铁架、剪等，金银器均为饰品，还出土有石砚。1958年12月至1959年4月，又对尹关、龙潭等地墓葬进行大规模发掘，出土物有洗、水柱、铺首、摇钱树残片等铜器，以及铁削、铁锥、五铢钱、大泉五十等货币。1982年，贵州省人民政府将其列为省级文物保护单位。

1　夏云 M22 出土汉代铜马铃
2　夏云汉墓群远眺

3 夏云 M78 出土釉陶罐
4 夏云 M78 出土釉陶豆
5 夏云 M78 出土釉陶罐
6 夏云 M78 出土釉陶壶
7 夏云 M16 出土三足铜水注
8 夏云 M16 出土双鱼纹铜洗

9　夏云 M79 出土釉陶罐、陶罐
10　夏云 M81 出土陶罐
11　夏云 M80 出土釉陶罐、陶罐
12　夏云 M80 出土釉陶罐

熊家坡墓群

熊家坡墓群位于贵安新区马场镇马场村001县道700米处，分布面积800平方米。地理坐标为东经106°27′11.6″、北纬26°24′39.6″，海拔1230.8米。

墓葬均有圆丘形封土堆，底径10余米，残高1.5米。贵州省博物馆考古队1965年发掘六朝墓9座，唐墓3座。六朝墓出土陶、青瓷、铜、铁等器物220余件，玛瑙、琥珀、料珠数百枚。其中M42是熊家坡墓群中封土最大者，南北长14.7米，东西宽13.8米，高1米。墓室长5.3米，宽1.2～1.39米，高1.94米，墓道长1.26米，宽1.13米，深1.09～1.2米。

唐墓有砖室、石室两种，出土陶、铜、铁、金、银饰物20余件。其中砖室墓M56为穹隆顶，分墓室及墓道，且墓道封门外带翼墙，平面呈圭形，墓砖素面无纹，均为30厘米×16厘米×6厘米，墓全长5.2米，墓室长4.1米，宽2.3米。东、西、北三壁用单砖相错平砌，穹隆顶。底部以二横二纵平铺为主，南段比北段低约一块砖的厚度（6厘米）。墓室北端为棺床、棺木，根据铁棺钉判断，此为双人合葬墓。墓道在墓室南面，顶南高北低，向中部逐层加高成拱桥形，两壁向内叠涩砌成，至0.7米处开始每段二层内收0.4～0.6厘米，形成断面上狭下宽的"人"字形，墓道封门墙用砖逐层横砌并延伸至墓道外东西两侧各约0.7米，形成翼墙，此种结构的墓葬在贵州省很少发现。因其文物价值，1982年平坝县人民政府将其与另外几处合并，命名为"马场六朝墓"，并列为县级文物保护单位。

1　熊家坡墓群远景

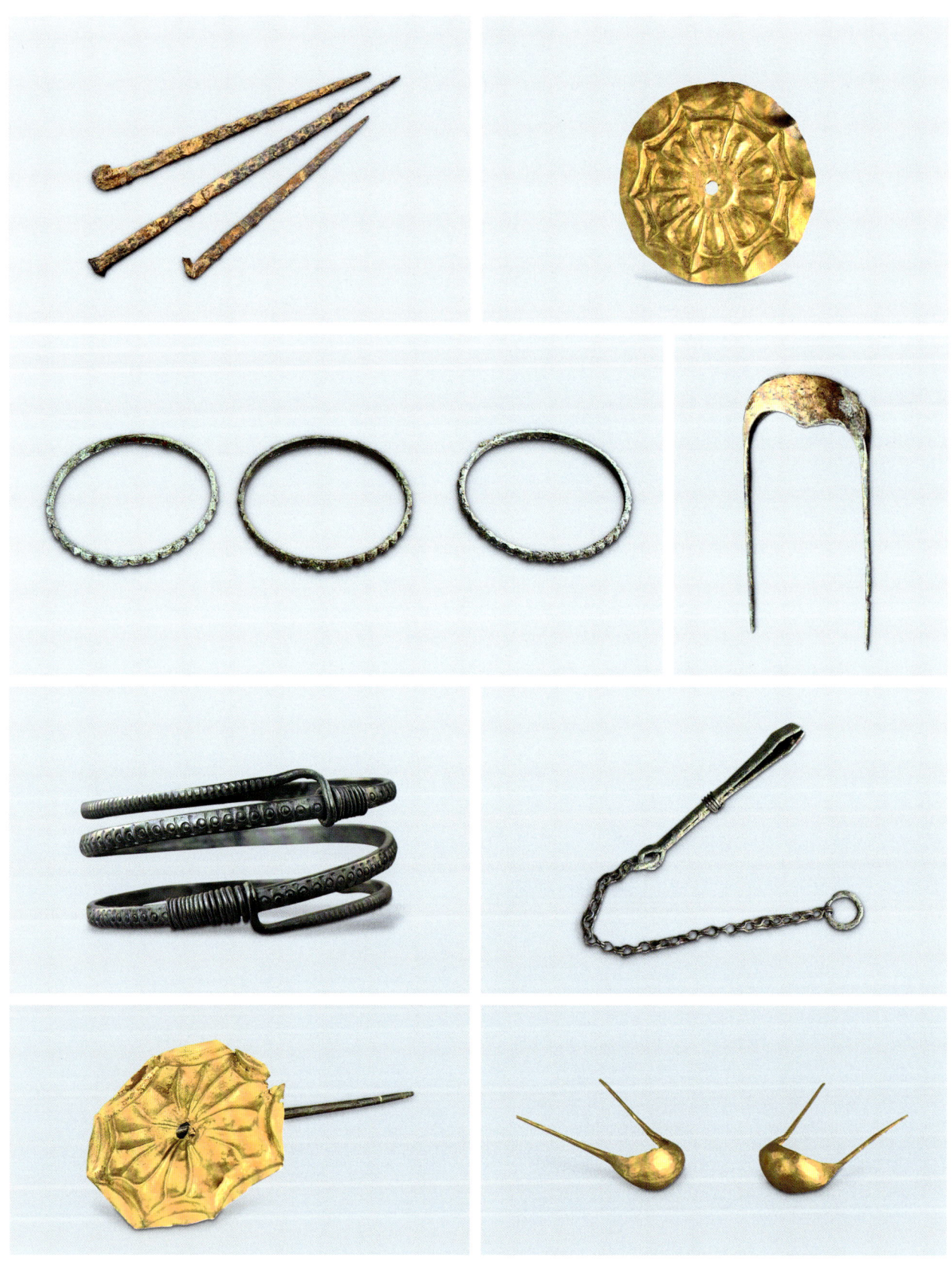

2 熊家坡 M40 出土唐代铁棺钉
3 熊家坡 M41 出土六朝菊花金片
4 熊家坡 M41 出土六朝铜手圈
5 熊家坡 M42 出土六朝鎏金铜发钗
6 熊家坡 M42 出土六朝银条脱
7 熊家坡 M45 出土六朝带链铜夹
8 熊家坡 M44 出土六朝菊花纹金片
9 熊家坡 M45 出土六朝金发钗

汉唐风韵

10	11	12
13	14	
15	16	
	17	18

10 熊家坡 M46 出土六朝金戒指
11 熊家坡 M46 出土六朝玛瑙、琥珀、料串珠
12 熊家坡 M46 出土六朝铜条脱
13 熊家坡 M50 出土六朝带盖四系青瓷罐
14 熊家坡 M50 出土六朝画戟铜发簪
15 熊家坡 M48 出土六朝六系青瓷莲花罐
16 熊家坡 M48 出土六朝铜戒指
17 熊家坡 M47 出土唐代银条脱
18 熊家坡 M47 出土唐代铜手圈

19	20
21	22
	23

19 熊家坡墓群 M54 出土六朝铜釜
20 熊家坡墓群 M54 出土唐代铜镜
21 熊家坡墓群 M56 出土唐代六系陶罐
22 熊家坡墓群 M56 出土唐代金戒指
23 熊家坡墓群 M56 出土唐代银戒指

大松山墓群

大松山墓群位于贵安新区马场镇马场村东南1.2千米处，分布面积200平方米左右，地理坐标为东经106°27′5.6″、北纬26°23′42.4″，海拔1239.9米。墓葬时代分别为六朝、宋代、明代。

贵州省博物馆考古队1965年曾于此发掘六朝墓2座，出土随葬品30余件。主要有陶罐、青瓷罐、青瓷鸡首壶、青瓷唾壶、青瓷杯、青瓷碗、铜洗、铜釜、铜镰斗、铁脚架、漆托、漆盖、漆盘、漆盒、金簪、银纽。其中M55为长方形券顶墓，封土南北长11.5米，东西宽11米，高1.3米。墓室居中，长4.25米，宽0.76~0.79米，高0.88米。后壁略向内弧。另发掘宋、明石室墓6座，其结构、随葬品与坟坝脚墓群相似，具有一定的历史、文物价值。1981年平坝县政府将其与坟坝脚墓群等处合并命名为"六朝墓"，并列为县级文物保护单位。

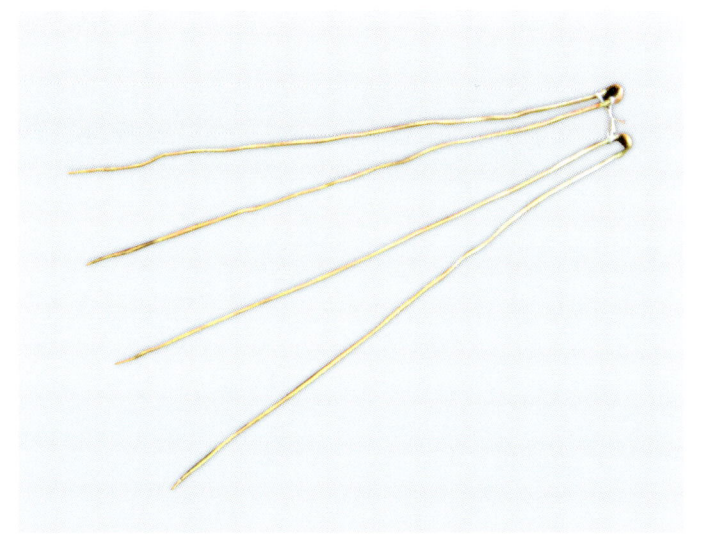

1 大松山墓群出土金发针
2 大松山墓群远景

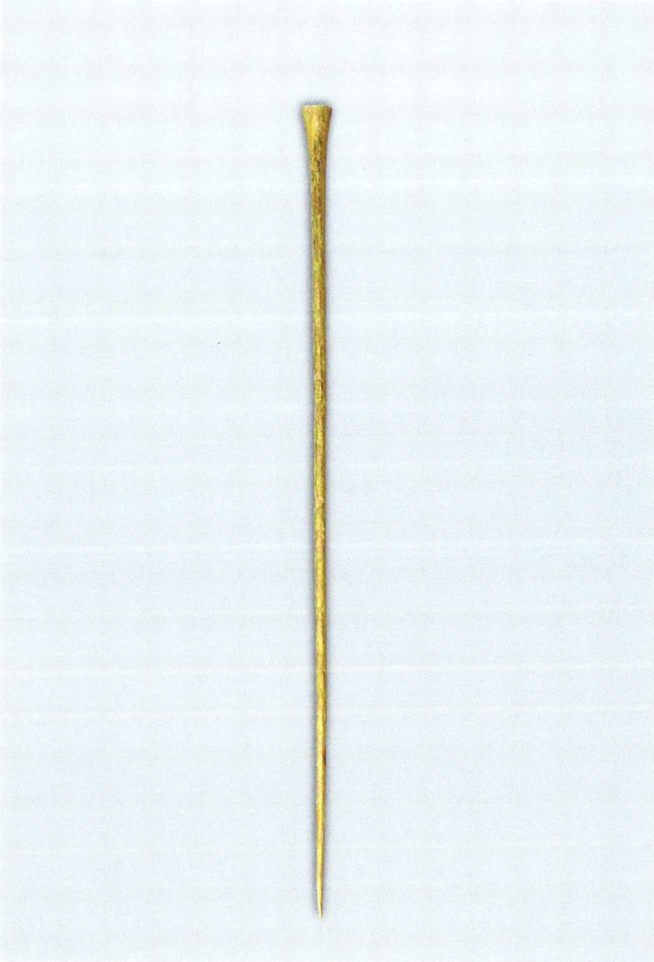

3 大松山墓群出土六朝铜洗
4 大松山墓群出土六朝青瓷碗
5 大松山墓群出土六朝金簪

平坝棺材洞

平坝棺材洞位于安顺市平坝区齐伯镇桃花村东北1千米老熊山半腰。地理坐标为东经106°9′40.8″、北纬26°29′38.2″，海拔1216.1米。洞口前长满常绿乔木，洞坐西北朝东南，洞前为一片开阔地，地中间有一条季节性河流河道。

洞内各种形制棺木叠压堆放，共有棺木567具，形制可见船棺、圆木棺、方形棺、梯形棺、普棺等。因年代久远，有少部分棺木已腐朽，再有1990年曾失火毁坏数十具，洞内葬具已不完整。1987年贵州省文物考古研究所曾对部分棺木进行清理，出土随葬品有纺织品、陶瓷器、铜器、竹器、木器、草编等，其出土的宋代彩色蜡染百褶裙，为国家一级文物，作为蜡染精品，曾在故宫博物院展出，现收藏于贵州省博物馆。第516号船棺木经 ^{14}C 测定，年代为距今1110±80年。

平坝棺材洞系当地刘姓苗族存放棺材与祭祀之处，历史悠久，最早可追溯到唐代，刘姓苗族现仍使用岩洞葬，不断往旧棺上堆放新棺，洞内葬具的形制大致经历了船棺→圆木棺→方棺→普棺的演变过程。普棺是贵州清墓中常见的葬具，一直沿用至今。顶板、底板、侧板及头端板的外部呈圆弧形。有的髹黑漆，有的不髹漆。平坝棺材洞的发现加深了人们对贵州岩洞葬的认识，也为研究古代蜡染提供了宝贵的资料，对研究我国西南贵州一带的洞葬习俗、苗族历史、葬俗演变和传统工艺的发展有极高价值。1985年被公布为省级重点文物保护单位。2013年，平坝棺材洞被国务院核定公布为第七批全国重点文物保护单位。

1 平坝棺材洞远眺
2 平坝棺材洞近景
3 平坝棺材洞出土宋鹭鸟纹彩色蜡染衣裙

宋沿唐制，元代以后，"因俗而治"的土司制度开始推行，明永乐十一年（1413年）设置贵州承宣布政司，贵州正式成为省一级的行政单位，并以贵州为省名。在土司羁縻制度的影响下，考古遗存从墓葬性质到用具服饰，都表现出显著的地方特色，有一些文化因素延续到现代，成为今天多彩民族文化的源流。

多元的民族创造出多彩的文化，随着明朝的统一，从江南随军或经商到滇、黔的军士、商人及其家眷来到了这片土地上，与原来生活在这里的土著居民大杂居、小聚居，既有文化交流，也保存了自己的特色，形成了独特的屯堡文化，直至今天，仍然能在这里找到我们已经不熟悉的汉族传统风俗，屯堡文化已经成为中古汉族文化的活化石。

夷夏并流

卫所、城墙

旧州城墙

旧州城墙遗址位于安顺市西秀区旧州镇旧州村南街，始建于明洪武十六年（1383年）。现存南北城墙长36米，宽2米，残高7米，占地面积72平方米。1983年被公布为县级文物保护单位。城墙遗址是研究安顺城市建置、发展的重要历史材料。现城墙内外两面均有居民，并被利用为院落隔墙。城墙垛口被改建。城墙附近医院厕所对墙体污染严重。

1 旧州城墙墙体
2 旧州城墙保护标志碑
3 旧州城墙主段

镇山石墙

镇山石墙位于贵阳市花溪区石板镇镇山村，始建于明万历年间，据《李仁宇将军墓志》载：明万历二十八年（1600年）明廷"平播"，时任江西吉安府卢陵县协镇李仁宇奉命以军务入黔，入赘石板镇山，为屯兵而修筑石墙。青石砌筑，长2000余米，高5～10米，基宽3～4米。设南、北二门，并建有门楼。现存北门、南门及1600米长石墙。

1 镇山石墙北门
2 镇山石墙南门及城墙

云山屯屯墙

云山屯屯墙位于安顺市西秀区七眼镇东南云山村。始建于明初,东北—西南走向。石砌双层,西南段长45米,东北段长35米,墙体厚1.3米。云山屯后门为石构拱券通道,占地面积8.6平方米。石门拱长3.2米,宽2.7米,高2.5米。云山屯前屯门为石构单檐石板顶二层建筑,拱券通道,占地面积21.5平方米。石门拱长3.7米,宽2.6米,高3.5米。前屯门二层门楼写有"云山屯"三字。2001年6月被评为第五批全国重点文物保护单位。2005年9月云山屯村被评为中国历史文化名村。

1 云山屯屯墙前屯门
2 云山屯屯墙东北段
3 云山屯屯墙西南段

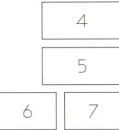

4 云山屯屯墙后屯门
5 云山屯屯墙后屯门
6 云山屯屯墙东北段
7 云山屯屯墙西南段

平坝卫遗址

平坝卫遗址西水关古城垣位于安顺市平坝区城关中学校园内，占地面积297平方米。平坝在明以前为"卢唐三寨"，无城。洪武十八年（1385年）设平坝卫。洪武二十三年（1390年），世袭指挥金镇始筑城。万历四十三年（1615年）、崇祯三年（1630年）增修。清乾隆二十年（1755年）维修，周长3800米，宽、高各3.3米，设四门。现残存西水关观音山脚至老虎岩一段城墙，残长90米，残高1~4米。西水关古城垣乃是平坝卫建城之有力佐证。

1　平坝卫遗址西水关古城垣
2　平坝卫遗址西水关古城垣门洞近景
3　平坝卫遗址西水关古城垣门洞远景

威武所遗址

威武所遗址位于安顺市平坝区乐平镇乐平村东北角。城分上下两城，始建于明崇祯三年（1630年），为镇西卫（今清镇市卫城）所辖。清康熙二十六年（1687年）属平坝卫。现遗址仅存东、南、西三段城墙，长300余米，厚1.5米，残高2～4米，青石砌筑，原古城遗址已垦为耕地。

威武所遗址古城墙

寨门、老宅、过街楼、碉楼、戏台、钟鼓楼

云山屯本寨寨门

云山屯本寨寨门位于安顺市西秀区七眼桥镇本寨村。地理坐标为东经106°4′57.9″、北纬26°13′4″，海拔1327米。始建于明代。寨门为南北走向，平面呈长方形，占地面积9.8平方米，双层拱券通道，单间石顶建筑，墙体上有两个"十"字形射击孔。2001年6月被公布为第五批全国重点文物保护单位。现保存完好，结构稳定，寨门背立面用砖砌筑。

1	
2	

1 云山屯本寨寨门背立面
2 云山屯本寨寨门正立面

马硐堡寨门

马硐堡寨门位于安顺市平坝区白云镇马硐村寨口"平肖公路"西侧30米处。地理坐标为东经106°13′54.8″、北纬26°21′7.3″，海拔1277米。始建于明初，乃明洪武年间建屯设堡时产物。寨门坐西朝东，墙宽6.15米，厚2.43米，残高3.48米，门宽2.1米，高2.94米，建筑面积约15平方米，全用料石垒砌而成。寨门西北面之石墙中部中空，内置土地公、土地婆木雕像，俨然一座土地庙，乡民可从佛龛外部瞻仰佛像，敬献香蜡纸烛。寨门两侧寨墙保存较好，基础牢固，但寨门上方的石拱券已被拆毁。

马硐堡寨门现状

场边寨寨门

场边寨寨门位于贵安新区马场镇场边村寨口。地理坐标为东经106°26′22.8″、北纬26°24′23.7″，海拔1258.8米。始建于明代。寨门坐西朝东，为石拱券门，宽6米，厚2.2米，高3.1米，占地面积13.2平方米，乃大块料石叠涩垒砌。周边栽种大树间以荆棘作为围护。至咸丰六年（1856年），为防匪患重新垒石砌墙作为围护，现围墙尚存南、北两段：南墙残长78米，厚1.7米，残高1米，南墙与门之间有古树数株；北墙残长13米。距寨门2.5米处围墙中部有土地庙1座，仍用料石建成，脊上两端有"鱼龙衔脊"石雕，龛内供弥勒佛像，下有云纹、梅花鹿、"双狮滚绣球"等浮雕。寨门与北面围墙相交处有记事石刻一方，竖向楷书阴刻"围墙，咸丰六年正月初四众寨人等建造"字样，每字0.5厘米×0.5厘米。

场边寨寨门

旧寨寨门

旧寨寨门位于贵安新区马场镇普贡村旧寨组寨口。地理坐标为东经106°26′15.1″、北纬26°20′20.9″，海拔1273.6米。始建于明代。寨门坐北朝南，墙由大块青石料叠涩垒砌，宽6.7米，厚2.15米，高3.1米，中间有宽1.87、拱高2.4米的石拱券门，占地面积14.3平方米。村民从古至今出入都经过此门，寨门顶部和两边有古树、古藤，门前有小溪，风景优美，寨中老幼常坐在寨门前交谈、嬉闹。

1 旧寨寨门外侧
2 旧寨寨门内侧
3 旧寨寨门远景

石板房东城门

石板房东城门位于安顺市西秀区大西桥镇石板房村街道东侧。地理坐标为东经106°9′11.5″、北纬26°21′7″，海拔1309.8米。始建于明代，民国二年（1913年）重修。当地人称其为"唢呐门"，该城门青石垒砌，占地面积50平方米，原门洞上建有楼台，现已毁。整个门洞呈拱形，长3.5米，东立面宽2.9米，高2.9米，西立面宽3.3米，高3.3米。门洞内有一碑刻嵌于东面墙上，碑距地面有1.6米，碑宽0.6米，高0.8米，碑文竖向楷书阴刻，其内容为记载该门楼重修一事，以及捐资修缮情况。现城门保存较为完整，基础稳固，结构稳定。

1 石板房东城门东立面
2 石板房东城门西立面

泰来寨门

泰来寨门位于贵安新区党武镇下坝村。地理坐标为东经106°36′10″、北纬26°23′36.9″，海拔1160.11米。下坝史称"泰来"，寨门共2座，建于清道光六年（1826年）。巨石砌筑，上盖石板。第一道寨门宽7米，高约4米，进深4米，穿斗式悬山顶。刻有"合村玉带长流水，是路云梯高大门"对联。门前有20余级踏步。第二道寨门存石墙，刻有"奥妙文章之字路，平安门第泰来村"对联。右侧存修朝门建神祠碑两通。现在第一道寨门屋顶改为钢筋混凝土结构，墙体、对联保存原状。第二道寨门的距离位置已经改变。另外，土地祠也已经重新修葺过。

泰来寨门

元方村寨门

元方村寨门位于贵安新区湖潮乡元方村西北。地理坐标为东经106°32′16.7″、北纬26°28′10.2″，海拔1216.4米。寨门修建时间无记载，据当地村民说法，推测大约为道光年间修建。寨门为青石砌筑，坐北朝南，上宽7米，高3.45米，城墙厚2.66米，门洞宽2.2米，高2.67米，主要作为抵御外来侵略而建。目前寨门保存基本完好，圆形拱门上部有垮塌迹象，无城墙。

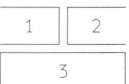

1 元方村寨门远景
2 元方村寨门局部
3 元方村寨门全景

骆家桥寨门

骆家桥寨门位于贵阳市清镇市红枫湖镇骆家桥村东面。地理坐标为东经106°19′39.4″、北纬26°30′42.5″，海拔1256.3米。约建于清道光年间。寨门坐西朝东，为青石垒砌成，形制为孔拱形，宽2.04米，高3.6米，进深2.05米，桥洞两边各有残长7米的城墙。现顶上有部分石块松动。

骆家桥寨门

彭官村寨门

彭官村寨门位于贵阳市花溪区麦坪乡彭官村。地理坐标为东经106°31′15.8″、北纬26°31′36.6″，海拔1303.7米。寨门建于清代，为彭官村南门。寨门以青石砌筑，整体宽6.5米，高4米，进深3.3米，面积27平方米，门洞宽2米，高2.7米。寨门由于村民修路筑房，两侧石墙已毁。

1 彭官村寨门正立面
2 彭官村寨门背立面

芒种屯门遗址

芒种屯门遗址位于安顺市平坝区白云镇芒种村寨中心。地理坐标为东经106°14′3.1″、北纬26°18′16.1″，海拔1260.2米。始建于清同治十年（1871年）三月，民国时期维修，坐西南朝东北，残存面积10平方米。屯门长11.2米，残高6米，上半部砖砌，下半部垒石。门头原有彩绘"八仙过海""麒麟送子"等图案。芒种村原有东、南、西、北四门，现仅存总门即东门，门为石拱券门，宽1.65米，厚0.7米，高2.17米。两侧石柱竖向阴刻楷书"坚屯报本环村永耀，智水旋绕主富贵，总门开增福建校敦文化，仁山秀向萌贤才"门联。门两侧墙面嵌有清同治十年（1871年）及民国时期功德碑各一通，记述修屯原因及捐资情况。遗址保存现状较差，墙内砖与石块有松动垮落的可能。

1 芒种屯门民国时期修屯功德碑
2 芒种屯门外侧

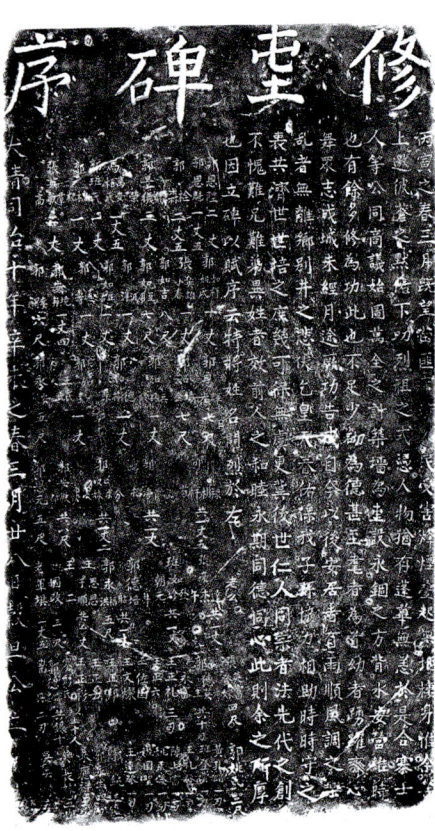

3　芒种屯门内侧
4　芒种屯门修屯碑
5　芒种屯门"修屯碑序"拓片

杨氏宅

杨氏宅位于安顺市西秀区旧州镇旧州村北街。地理坐标为东经106°8′8.4″、北纬26°15′15.9″，海拔1269.6米。始建于明代。坐西南朝东北，有两厢、正堂等，占地面积约2500平方米。正房五间，面阔17.2米，进深两间7.1米。南厢六间，面阔15米，进深三间6.8米。现住五家人。这是旧州为数不多的三合院建筑，保存较好，部分已被改建。

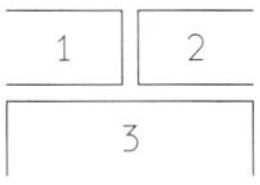

1	2
3	

1　杨氏宅正房
2　杨氏宅正门
3　杨氏宅后花园

张氏宅

张氏宅位于安顺市西秀区旧州镇镇内。地理坐标为东经106°8′8.2″、北纬26°15′7.7″，海拔1266.3米。建于明末清初。坐西北朝东南，中轴对称，用石木砌筑而成，占地面积132.8平方米，现有正房一间，厢房两间。正房五间，面阔16米，进深两间8.3米，厢房总宽8.2米。天井面积约为64平方米。

1　张氏宅局部
2　张氏宅大门
3　张氏宅正房

班仕荣宅

班仕荣宅位于贵阳市花溪区石板镇镇山村。天井中心地理坐标为东经106°36′39.7″、北纬26°27′5.5″，海拔1165.5米。建于道光年间。坐南朝北，原为三合院，现存正房四榀三间，前带吞口，石板装墙，面阔9米，进深7米，穿斗式木结构悬山石板顶。

班仕荣宅全景

李氏宅

李氏宅位于贵阳市花溪区石板镇东北摆匀村内。三进院天井正中地理坐标为东经106°37′33″、北纬26°30′2.5″，海拔1178.8米。始建于清代晚期。坐东朝西，由三个院落两组建筑群组成。一组建筑由大门、一进院落（含正房、两厢、阁楼、天井）、二进院落（含正房、两厢、对厅、天井）紧靠相依。另一组建筑由槽门、正房、影壁、对厅组成。正房均为五间，面阔17.36米，进深两间6米。穿斗式木结构悬山青瓦顶。大门、阁楼、厢房的房面稍有残损，正房保存较为完好。

1 李氏宅大门
2 李氏宅正房

任氏宅

任氏宅位于安顺市西秀区刘官乡小黑村西面。地理坐标为东经106°13′36.5″、北纬26°15′37.6″，海拔1261.8米。建于清朝同治年间，坐南朝北，有正房两栋，东、西两厢及对厅房各一栋，四合院。石屋基、砖墙、木屋架保存完好，天井青石板地墁。占地面积约300平方米，建筑面积250平方米。正房均为三开间，明间面阔2.8米，次间面阔2.8米，通进深3.5米。东、西两厢均为三开间，中间为过道，外修垂花门楼，过道长3.5米，宽2.6米。对厅房三开间，明间面阔2.9米，次间面阔2.8米，通进深3.5米。建筑结构为穿斗式硬山青瓦顶。门窗垂花门楼物件雕刻精致，具有较高艺术价值。1921年，贵州省名流任可澄在任芝兰九十大寿之际，为其书写寿联两副现存于任氏宅内。整体保存较好，部分木雕门窗已损毁。

1 任氏宅正面
2 任氏宅俯照
3 任氏宅后院垂花门楼
4 任氏宅对厅房

叶守云宅

叶守云宅位于安顺市西秀区旧州镇詹家屯十字街西南面。地理坐标为东经106°8′54″、北纬26°13′49.2″，海拔1291.3米。始建于清末。坐西南朝东北，大门呈八字长方形，门头垂花柱清晰，部分已毁，墙体均为青石垒砌，无黏合剂，内侧木板装饰。正房面阔18.7米，进深7.9米，建筑总面积500余平方米，具有江南明清时期四合院的建筑特点。

1　叶守云宅对厅房
2　叶守云宅正房
3　叶守云宅西厢房
4　叶守云宅东厢房

刘锡九宅

刘锡九宅位于安顺市西秀区旧州镇旧州村南街西面。地理坐标为东经106°8′10.2″、北纬26°15′8.6″，海拔1272.2米。始建于清代。坐北朝南，占地面积约379平方米。由正房、两厢、过厅房组成，为两层石木结构四合院。房屋现为旧州镇政府宿舍。院落保存完好，建筑整体结构稳定，现有7户人家居住。略有改建。

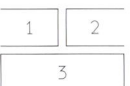

1　刘锡九宅大门
2　刘锡九宅二进天井
3　刘锡九宅一进院落

谷家宅

谷家宅位于安顺市西秀区旧州镇旧州村西街。地理坐标为东经106°7′57.3″、北纬26°15′13.4″，海拔1278.8米。始建于清代。坐东北朝西南，石木结构三合院。一正两厢，西厢已改修建为砖墙，整座院落占地面积262平方米，其中正房101平方米，东厢36平方米，西厢27平方米。正门开在东侧厢房旁。整座院落保存基本完好，是谷家三兄弟曾祖父辈居住的老宅。

1 谷家宅大门侧
2 谷家宅局部
3 谷家宅正房

孙家宅

孙家宅位于安顺市西秀区旧州镇旧州村西街。地理坐标为东经106°8′2.4″、北纬26°15′10.5″，海拔1255.5米。始建于清代。坐东北朝西南，房屋沿街面有铺台，面阔三间，为一进三合院，有后花园，是为数不多、保存完整的建筑花园。建筑占地面积约200平方米。保存较完整，有人员管理维护，环境优雅。

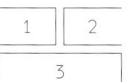

1. 孙家宅后花园
2. 孙家宅正房
3. 孙家宅铺台

李邦贤宅

李邦贤宅位于安顺市西秀区蔡官镇鸡场大寨村中心。地理坐标为东经106°1′36.6″、北纬26°24′16.1″，海拔1360米。始建于清代。坐西南朝东北，二进四合院式，石结构单檐悬山石板顶建筑，正房五间，面阔12米，进深7米，高5米。总占地面积450平方米。构架不稳定，一进南厢被改建，二进北厢已垮塌。

1　李邦贤宅垂花门楼
2　李邦贤宅二进正房正立面

金祈珍宅

金祈珍宅位于安顺市西秀区七眼桥镇本寨村寨门西侧。地理坐标为东经106°4′57.8″、北纬26°17′4.3″，海拔1322.6米。始建于清代。坐北朝南，占地面积360.2平方米。四合院式木结构单檐石板顶建筑，正房五间，面阔17.5米，进深7.5米，高7米。有碉楼1座，长4.6米，宽4.2米，高12米，共4层，每层均有射击孔，具有较强的军事防御功能。2001年6月被公布为第五批全国重点文物保护单位。整体保存较好，结构稳定，西厢重新修建，现为水泥、石、木结构建筑。

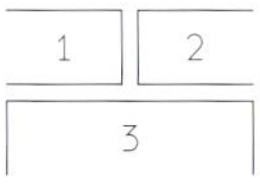

1	2
3	

1　金祈珍宅屋面
2　金祈珍宅碉楼
3　金祈珍宅正房

杨鸿宅

杨鸿宅位于安顺市西秀区七眼桥镇本寨村96号。地理坐标为东经106°4′55.8″、北纬26°17′6.3″，海拔1336.6米。始建于清代。坐西北朝东南，占地面积139平方米。三合院式木结构单檐石板顶双层建筑，正房五间，面阔10.7米，进深7.5米，高9米。院落内雕刻有"龙纹""鱼纹"地漏。杨鸿宅是本寨村保存最为完整的三合院，2001年6月被公布为第五批全国重点文物保护单位。保存完好，结构稳定。

1 杨鸿宅石雕
2 杨鸿宅正门

王家宅

王家宅位于安顺市西秀区大西桥镇石板房村主街北面。地理坐标为东经106°9′8.1″、北纬26°21′4.9″，海拔1327.3米。始建于清代。坐东朝西，为二进院落。一进厢房隔扇门上有精美木雕，字体为篆体。二进由正房、对厅房、东厢、西厢组成四合院，正房为三开间二层木房，面阔9.1米，进深6.5米，保存完好。天井石板铺墁，是典型的江南四合院风格，具有一定历史、艺术价值。整个建筑保存完整，结构较为稳定，部分梁架糟朽，东、西厢部分水泥加固。2010年，由于王家宅临街铺台垮塌，现已经改建为现代建筑。

1	
	2

1 王家宅
2 王家宅正门

宋德坤宅

宋德坤宅位于安顺市西秀区大西桥镇九溪村中间街。地理坐标为东经106°8′16.1″、北纬26°18′34.7″，海拔1300米。修建于清代。坐西朝东，石木结构，有正房一间，三开间，明间面阔5.5米，次间面阔4米，通进深7米，为穿斗式悬山石板顶建筑。门窗木雕精美。对厅墙用石头砌就，外粉石灰，上部以石灰塑精美图案，中间有一个"福"字。天井为青石板地墁，主体保存完整。主体结构稳定，保存完整，为典型屯堡三合院民居。

宋德坤宅正门

朱家宅

朱家宅位于安顺市西秀区蔡官镇可瓦村大坡自然村。地理坐标为东经106°0′4.6″、北纬26°23′55.3″，海拔1351.2米。始建于清代。坐东朝西，由两个四合院和一座碉楼组成，以石碉为界，东面正房坐南向北，大门左右石墙上均有精美雕刻，东厢隔扇门上有精美木雕，整个院落占地面积240平方米。西面正房坐南朝北，有对厅房，其垂花门楼保存较好，占地面积270平方米。院落保存完整，结构稳定，碉楼石质泛黄。

1	
2	

1　朱家宅石碉楼
2　朱家宅垂花门楼

柏祖强宅

柏祖强宅位于安顺市西秀区黄腊乡簸箕村内。地理坐标为东经106°15′46.2″、北纬26°16′24.5″，海拔1285.9米。始建于清代。坐南朝北，占地面积150平方米。石木结构，悬山青瓦顶，一正一厢，正房三间，面阔9米，进深7.6米，有精美木雕窗花。房屋构架较稳定，正房西次间有改造，东厢为牲口房，西厢已拆。

1 柏祖强宅全貌
2 柏祖强宅正房

李美光宅

李美光宅位于安顺市西秀区黄腊乡岩底村内。地理坐标为东经106°18′57.4″、北纬26°15′2.7″，海拔1275.6米。始建于清代。坐北朝南，一正两厢，石木结构，硬山青瓦顶。面阔三间11.8米，进深9.2米。两厢为牲口房。20世纪90年代该村曾发生重大火灾，村民民居基本重建，此民居是仅存较为完整的古建筑。建筑构架较稳定，东厢木质糟朽，屋面垮塌。

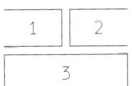

1　李美光宅正房
2　李美光宅东厢房糟朽部分
3　李美光宅西厢房

徐开贵宅

徐开贵宅位于安顺市西秀区大西桥镇石板房村134号。地理坐标为东经106°9′4″、北纬26°21′2.9″，海拔1316.6米。始建于清代。坐北朝南，占地面积为121平方米。四合院式石木结构单檐石板顶建筑。正房三间，面阔11米，进深6.8米，高6米。垂花门楼保存较好，极具屯堡特色。房屋构架稳定。

1 徐开贵宅远景
2 徐开贵宅天井
3 徐开贵宅正立面

王俊业宅

王俊业宅位于安顺市西秀区大西桥镇石板房村96号。地理坐标为东经106°9′7.5″、北纬26°21′4.9″，海拔1309.7米。始建于清代。坐北朝南，占地面积为250平方米。四合院式石木结构单檐石板顶带廊二层建筑。正房三间，面阔10米，进深8米，高6米。王俊业的祖辈王嵩辰、王立超在清代曾相继中举。房屋构架稳定，门楼被改造为现代建筑。

1　王俊业宅堂屋
2　王俊业宅天井

王柏坦宅

王柏坦宅位于安顺市西秀区大西桥镇石板房村94号。地理坐标为东经106°9′8.1″、北纬26°21′5″，海拔1325.2米。始建于清代。坐北朝南，占地面积为340平方米。三进院落式石木结构单檐石板顶建筑。正房三间，面阔10米，进深7米，高5.5米。房屋构架稳定。

1 王柏坦宅天井
2 王柏坦宅门楼正立面

朱盛谋宅

朱盛谋宅位于安顺市西秀区大西桥镇石板房村75号。地理坐标为东经106°9′10″、北纬26°21′5.9″，海拔1309.6米。始建于清代。坐南朝北，占地面积120平方米。石木结构，单檐硬山石板顶，整栋房屋面阔三间，进深三间，面阔9.4米，进深6米，高6.7米。房屋以巨大青石为基础，建筑构件以实木为主，北面大门临街，大门东西两面开成商铺，以巨大青石砌成柜台。朱盛谋宅是石板房村民居建筑的一个典型，建筑有别于周边村寨的屯堡民居建筑，见证了清代以来石板房村商业经济的发展与繁荣，是考证明清以来该地区的社会生活、经济发展状况、生活习俗、文化类型的实物证据之一。房屋整体保存较为完整，基础稳固；由于年代久远，木构件有老化和糟朽现象，屋顶石板有部分风化断裂，有漏雨现象。

1 朱盛谋宅南立面
2 朱盛谋宅周边环境

康寨过街楼

康寨过街楼位于贵阳市花溪区麦坪乡康寨村内。地理坐标为东经106°34′20.6″、北纬26°28′41.9″，海拔1256米。建于清光绪年间，长9米，宽6米。木结构青瓦顶双层建筑。过街楼有一处大梁已经断裂。

1
2

1 康寨过街楼东侧
2 康寨过街楼西侧

猛贡碉楼

猛贡碉楼位于安顺市西秀区旧州镇猛贡村旧猛贡村民组。地理坐标为东经106°8′5.9″、北纬26°12′54.6″，海拔1289.9米。建于清代。坐北朝南，长5.6米，宽5.3米，占地面积29.68平方米，高8.6米，石木结构三层建筑。墙体为青石砌筑，硬山青石板屋顶，每层四面均有两个瞭望孔，共24个。该碉楼为安顺市西秀区典型附属于民居的防御建筑，保存相对较好。

猛贡碉楼正立面

曹家碉楼

曹家碉楼位于安顺市平坝区乐平镇挂多村村口。地理坐标为东经106°1′14″、北纬26°27′1.4″，海拔1256.6米。始建于清末。坐西朝东，占地面积100平方米。由当地富户曹汉立、曹西余出资修建。共5层，通高16.5米，每层长6.6米，宽6.1米，墙厚1米，全为料石砌筑。屋面为石板歇山顶，每层有石窗（外窄内宽），顶层外墙有投弹孔，可防盗扰、防匪患，防御功能强。墙体保存较好，顶层已毁坏，建筑主体破烂。四周均为民居。总体保存程度一般，随时有被拆除的可能。

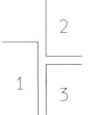

1　曹家碉楼东立面
2　曹家碉楼北立面
3　曹家碉楼西立面

云山屯戏台

云山屯戏台位于安顺市西秀区七眼桥镇云山村主干道中段南侧，与财神庙临街相对。地理坐标为东经106°5′0.8″、北纬26°17′35.1″，海拔1397.1米。始建于明代。坐西南朝东北，木结构单檐青瓦顶建筑，平面呈不规则八角形，占地面积153.8平方米。通高6米。结构较稳定，部分梁柱有开裂现象。云山屯戏台在全国重点文物保护单位云山屯古建筑群辖区范围内。

云山屯戏台

西街钟鼓楼

西街钟鼓楼（又名"水星阁"）位于安顺市平坝区城关镇信泉村西街。地理坐标为东经106°15′26″、北纬26°25′6.1″，海拔1288.3米。始建于乾隆四十二年（1777年），光绪六年（1880年）重修。坐东南朝西北，占地面积117.37平方米，为穿斗式二重檐庑殿顶砖木结构建筑。面阔三间。楼下为平坝古城垣西街城门洞（跨街石拱券门）。旧时此楼有铁钟一口，专作报火警用，现仍存。鉴于该建筑具有历史、艺术、科学价值，20世纪80年代，平坝县人民政府采用公告的形式将其公布为县级文物保护单位。此楼于2003年由平坝县人民政府拨款按原状维修，屋面仍用青瓦覆盖，枯朽木构件也作更换并进行漆饰，故该建筑保存完整，基础稳固。

1　西街钟鼓楼现状
2　西街钟鼓楼正门现状
3　西街钟鼓楼保护标志
4　西街钟鼓楼内悬挂铁钟

名人故居

吴中蕃芦荻村故居

吴中蕃芦荻村故居位于贵阳市花溪区石板镇芦荻村西1千米。地理坐标为东经106°33′37.1″、北纬26°26′27.4″，海拔1212.1米。吴中蕃（1618～1694年），字滋大、大身，晚号今是山人。明崇祯十五年（1642年）中举。南明永历年间任遵义县知府、重庆知府、吏部文选司郎中。清军攻占云贵，弃官还乡。康熙十五年（1776年），入吴三桂幕府，未几即辞。参与编纂《贵州通志》。著有《四书说》《龙古集》《敝帚集》。故居始建于明末，清初重新修葺。坐东朝西。现仅存正房五间，面阔18.5米，进深8.5米，为穿斗式木结构悬山石板顶。

吴中蕃芦荻村故居正房

吴中蕃龙山村旧居

吴中蕃龙山村旧居位于贵安新区党武镇龙山村。地理坐标为东经106°34′47.1″、北纬26°24′50.1″，海拔1182米。旧居始建于清初，坐东南朝西北。穿斗式木结构悬山石板顶。有正房、左右厢房、大门等。占地面积450平方米。

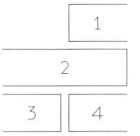

1 吴中蕃龙山村旧居左厢房
2 吴中蕃龙山村旧居远景
3 吴中蕃龙山村旧居近景
4 吴中蕃龙山村旧居正房

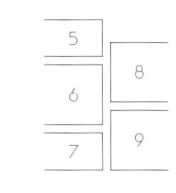

5 吴中蕃龙山村旧居右厢房
6 吴中蕃龙山村旧居正门
7 吴中蕃龙山村旧居正门屋檐修饰
8 吴中蕃龙山村旧居精致窗雕
9 吴中蕃龙山村旧居石柱础

墓葬

坟坝脚墓群

坟坝脚墓群位于贵安新区马场镇马场村西约百米处。分布于约300平方米范围内，1965年贵州省博物馆考古队发掘宋墓3座，出土随葬品罐、釜等陶器8件，发钗、戒指等铜饰6件，料珠9枚，"景德元宝""熙宁元宝""政和通宝"各1枚。1982年平坝县人民政府将其与其他几处古墓合称"六朝墓"，并列为县级文物保护单位。

1	2	3
4	5	6

1. 坟坝脚 M60 出土宋代三耳釉陶罐
2. 坟坝脚 M60 出土宋代夹砂灰陶釜
3. 坟坝脚 M62 出土宋代三系釉陶罐
4. 坟坝脚 M63 出土宋代方格纹夹砂陶釜
5. 坟坝脚 M63 出土宋代方格纹夹砂陶釜
6. 坟坝脚 M63 出土宋代釉陶罐

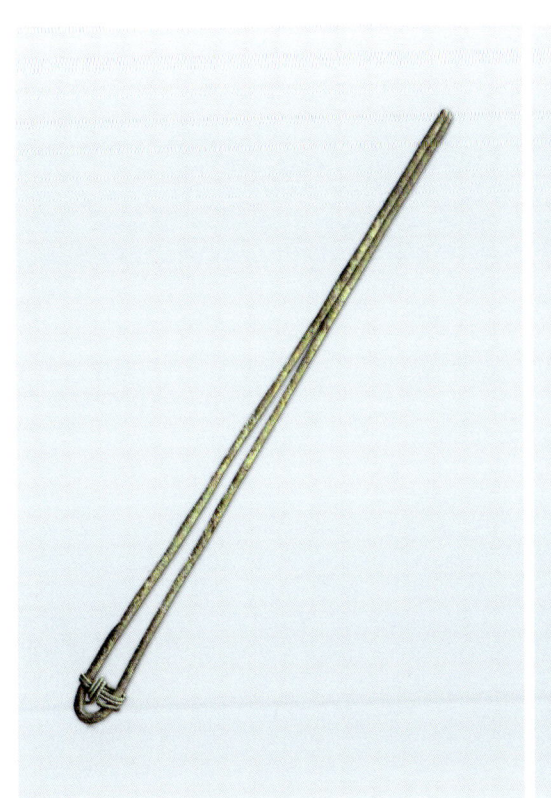

7　坟坝脚 M64 出土宋代铜发钗
8　坟坝脚 M64 出土宋代料珠串
9　坟坝脚 M65 出土宋代方格纹陶釜
10　坟坝脚 M65 出土宋代铜戒指

七所将军坟

七所将军坟位于贵阳市清镇市红枫湖镇白泥田村。清镇市文物保护单位。经鉴定，其年代为魏晋至明代。其中，明威将军墓为青石垒砌，呈圆丘形，封土直径3米，周长15米，高2米。其他6座墓为圆丘形土丘墓，7座墓为前二后五，前两座墓形制较小，后五座形制较大。7座墓坐东南朝西北，占地面积258平方米。

1　七所将军坟文物保护碑
2　七所将军坟全景

顾成墓

顾成墓位于安顺市西秀区大西桥镇九溪村东面1千米处。顾成（1330~1414年），字景韶，湘潭人。明初从征入黔，明初著名将领，历任成都后卫指挥佥事，左军都督，充总兵配征南将军印，封镇远侯，死后追封夏国公，谥武毅。墓地占地面积150平方米。墓坐南朝北，封土底径4米，通高3.5米。顾成墓多次被盗，原墓碑已损毁，现墓碑为1988年立，方首，宽1米，厚0.35米，高1.6米。它是顾氏家族1988年重新立的第六块墓碑。

顾成墓远景

旧州土官知州张公墓

旧州土官知州张公墓位于安顺市西秀区旧州镇松林村。墓主为明景泰二年（1451年）至天顺七年（1463年）安顺州土官知州阿宠及其妻金氏妙芳合葬墓。封土半径5米，周长30米，高5.3米，占地面积78.5平方米，墓坐西北朝东南。墓室建造呈"品"字形，均以石料砌筑，长6米，宽3.2米，高2.1米，嵌顶拱桥式结构，墓内侍男侍女浮雕精美。这种浮雕石室墓在贵州省罕见，对于研究土司制度历史和石雕艺术具有较大价值。1989年被盗，墓室随葬品已丢失，墓碑被毁。

旧州土官知州张公墓全景

吉昌屯墓群

吉昌屯墓群位于安顺市西秀区大西桥镇吉昌村委办公室后山处。现有明墓20座，有单室墓、双室墓、三室墓、四室墓。墓葬坐南朝北，占地面积约423.34平方米。墓葬形制为长方形石室墓，均无碑记。年代久远，盗掘严重，人为破坏严重。

1 吉昌屯墓群远眺
2 吉昌屯墓群局部
3 吉昌屯墓群局部
4 吉昌屯墓群近况

小山寨墓群

小山寨墓群位于安顺市西秀区七眼桥镇小山寨大园坟地坝。明代，坐西朝东。总占地面积千余平方米。有单井石墓、双井石墓20余座。

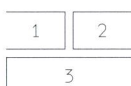

1 小山寨墓群局部
2 小山寨墓群局部
3 小山寨墓群远景

刘民爱墓

刘民爱墓位于安顺市平坝区白云镇白云村后坡山腰徐家耕地处，占地面积50余平方米。坐西朝东，明墓，土封石围，底径7.2米，高4.5米，均为料石垒砌。墓有三室，传说主室两侧为陪葬之童男童女，墓碑早已损毁，该墓被盗多次。民国时编纂的《平坝县志》载该墓系明举人刘民爱墓："刘民爱墓，南乡白云庄后坡，距城约十六里，墓前石人、石猪、石马、碑碣各项均坍塌。"《安平县志》载："刘民爱，明举人，万历丁酉（1597年）科沅州知州。"现该墓前南侧残存石马一匹。该墓料石及残存石马均有一定艺术价值，1982年平坝县政府将其公布为县级文物保护单位。据传该墓破坏了东面车头村的风水，导致"鸡不叫，狗不咬，人、畜多病疾"，故遭该村村民破坏。全国第二次文物普查时定名为"白云庄明墓（刘民爱墓）"，根据"三普"调查，建议改名为"刘民爱墓"。

1 刘民爱墓全景
2 刘民爱墓墓室
3 刘民爱墓前南侧石马

吴中蕃墓

吴中蕃墓位于贵阳市花溪区石板镇芦荻村天河潭。贵阳市文物保护单位。吴中蕃于清康熙三十三年（1694年）逝世。该墓1999年从红枫湖迁葬于此，呈圆丘形，坐北朝南，底径3米，高1.6米。墓前立青石质墓碑一通，形制为花溪明代和清初常见的"猪槽碑"，宽0.47米，高1.11米，楷书阴刻"清故显考敕诰封中宪大夫大身吴府君墓"，立于"康熙三十三年（1694年）"。

吴中蕃墓全景

吉昌屯和尚墓塔

吉昌屯和尚墓塔位于安顺市西秀区人西桥镇吉昌村集体耕地（和尚庵）内。墓塔高2.14米，刻有碑文，修建于乾隆九年（1744年）。坐西朝东，为实心八角石塔。塔刹已毁，石塔风化严重，碑文模糊不清。

吉昌屯和尚墓塔

谷国玉墓

谷国玉墓位于安顺市西秀区旧州镇陇灰村南面。坐北朝南，封土石围，封土底径3.1米，高1.5米。方形墓碑，额题"万古佳城"，正中竖向楷书阴刻"皇清应德文□郎显考公讳国玉子 林府君大人之墓"，款署"大清乾隆二十年岁次丁丑吉月□旦建立"。谷国玉为安顺谷姓第五世祖，生平不详。1985年被盗。

1 谷国玉墓侧面
2 谷国玉墓正面
3 谷国玉墓近照

陈法墓

陈法墓位于安顺市平坝区白云镇浪塘村高瓦组团坡。清代墓葬，坐东北朝西南，占地面积约36平方米。该墓土封石围，墓径3.5米，高1.9米。墓碑青石质，方首，宽0.6米，厚0.18米，高1.35米。陈法（1692~1766年），号定斋，白云庄人，历任翰林院庶吉士、刑部郎中、山东登州知府、运河兵备署东河总督、江南卢凤兵备、淮扬兵备总理河务。陈法因陈家浦一带黄河决口革职，发往新疆军台效力，后归故里主讲贵山书院18年，一生著述颇丰，成果主要体现在理学思想和治理水患方面。20世纪80年代遭盗墓贼用炸药炸毁墓碑从而入墓室盗掘。墓葬外观保存尚好。20世纪90年代初，陈氏族人为其重立墓碑。因陈法墓具有的文物价值，平坝县政府于2001年将其公布为县级文物保护单位。

1 陈法墓碑
2 陈法墓近景

戴宇□墓

戴宇□墓位于贵阳市花溪区石板镇摆勺村南。戴宇□，摆勺人。清乾隆年间进士。曾任清溪县儒学，后升任黔西州学政。封土墓，底边以石围护，呈圆丘形，底径4.4米，高1.6米。前立青石质方首抹角墓碑，宽0.66米，厚0.06米，高1.3米。额题"孝子慈孙"4字，楷书阴刻。正中竖向楷书阴刻"皇清敕授清溪县儒学又荣升黔西州兼理学政事戴公宇□大人之墓"，立于"大清乾隆三十五年季春月初六谷旦"。墓碑由于墓围石的垮塌倾斜，大部分围石已不在。

1	
2	

1 戴宇□墓碑
2 戴宇□墓全景

张尔弼合葬墓

张尔弼合葬墓位于贵安新区党武镇葵花山村（距松柏水库300米）。张氏原居四川松潘，清初因武功官任黔参将。墓为夫妻合葬墓，封土呈圆丘形，碑两通，其中张尔弼妻墓碑立于康熙四十八年（1709年），张尔弼墓碑立于乾隆四十年（1775年）。

1 张尔弼墓碑
2 张尔弼合葬墓全景

杨体元墓

杨体元墓位于贵阳市花溪区麦坪乡汪庄村东。墓土封石围呈圆丘形，青石围砌，周长14米，面积12.5平方米。墓碑宽0.64米，高1.2米，上刻"皇清待赠征仕郎显考杨公讳体元之墓"，于乾隆五十八年（1793年）仲春谷旦立。墓碑有风化现象，石封围已经裂开。

1 杨体元墓全景
2 杨体元墓远景

张彦墓

张彦墓位于贵安新区党武镇掌克村小学南侧300米处。张彦，字硕人，号云麓。清乾隆十七年（1752年）进士，曾任江南宁国县、灵璧县知县，后改任宣城。为官期间乐善好施，赈灾济民，深受百姓爱戴。解职回乡即着手建祠堂。其墓土封砖围，呈圆丘形，直径6.5米，占地面积100平方米。原墓前有华表及围子，近年族人用砖砌成现状。墓碑立于嘉庆元年（1796年），碑题为"皇清敕受文林郎上上寿显考字云麓张公府君之墓"。

1　张彦墓全景
2　张彦墓碑
3　张彦墓远景

杨运元合葬墓

杨运元合葬墓位于贵阳市花溪区麦坪乡麦坪村。周长13米，占地面积11.34平方米。墓土封石围呈圆丘形，以青石围砌。墓碑宽0.6米，高1.2米，上刻"皇清待赠文林郎杨公讳运元与孺人杨母谭氏太府君墓"。立于清嘉庆十一年（1806年）。原名称为杨运元夫妇墓，后改为杨运元合葬墓。杨氏后人用于祭祀活动。

1 杨运元合葬墓
2 杨运元合葬墓墓碑
3 杨运元合葬墓远景

太监坟

太监坟位于贵安新区马场镇佳林村西南2千米。坐东南朝西北。墓碑青石质，方首，宽0.54米，厚0.075米，高0.92米，额首横向楷书阴刻"名列青史"4字，每字7厘米×7厘米，碑文竖向楷书阴刻："大清嘉庆十三年三月吉日立，有明从亡太监之墓，本陇越姓公祀。"墓呈圆丘形，封土周长18米，高1.1米。始建年代不详。据民国二十五年（1936年）《平坝县志》载："太监坟在东乡太监陇，相传为建文帝从臣龙某之坟，因派太监督工封土故名。一说即埋太监者。"该坟为研究建文帝靖难时曾到贵州平坝一带提供了实物资料，有一定的历史价值。

1 太监坟碑
2 太监坟全景

胡宗碧墓

胡宗碧墓位于贵安新区湖潮乡对门坡，距湖潮中学教学大楼后墙18米处。建于清嘉庆十八年（1813年）。坐南朝北。土封石围，青石砌筑，周长20米，封土高1.4米，面积13.67平方米。墓碑由碑座、碑身、碑帽组成。硬山顶碑帽长0.9米，宽0.9米，高0.3米；碑身宽0.46米，厚0.11米，高1.4米；碑座高0.3米。碑额阴刻"山青水秀"。正中阴刻"皇清待赠上上寿显考胡公讳宗碧之墓"16字，左侧阴刻"大清嘉庆十八年岁次癸酉仲冬月谷旦"16字，两侧皆有对联，左侧"卓哉佳城同地久"，右侧"先矣遗气益天长"，字尺寸3厘米×3厘米、5厘米×5厘米、10厘米×10厘米。该墓葬原位于湖潮中学教师宿舍处，20世纪70年代因学校建设，由胡氏宗族后人迁于此，按原样复原，墓室保存完好，未被盗，现作为胡氏宗族祖先墓葬祭祀。

1 胡宗碧墓全景
2 胡宗碧墓碑
3 胡宗碧墓远景

裴太君墓

裴太君墓位于贵安新区湖潮乡湖潮村对门坡湖潮中学教学大楼后墙18米处。建于清嘉庆二十四年（1819年）。坐南朝北，土封石围，青石砌筑，周长17米，封土高1.35米，面积9.03平方米。墓碑由碑帽、碑身、碑座组成，硬山顶碑帽，檐长1.1米，宽0.8米，高0.3米；碑身宽0.86米，厚0.1米，高1.7米；碑座高0.3米。碑额阴刻"丙山壬雨"，左侧阴刻"大清嘉庆二十四年岁次己卯仲春月谷旦"17字。两侧阴刻对联："百世祖茔光□德，千年坟墓兆吉祥。"字尺寸为3厘米×3厘米、5厘米×5厘米、10厘米×10厘米。该墓葬原位于湖潮中学教师宿舍处，20世纪70年代因学校建设，由胡氏宗族后人迁于此，按原样复原。墓室保存完好，未被盗，墓碑有少数字迹略模糊。现作为胡氏宗族祖先墓葬祭祀。

1 裴太君墓全景
2 裴太君墓碑

王文汉烈士墓

王文汉烈士墓位于贵阳市花溪区麦坪乡康寨村西南。封土墓。墓碑形制为五合碑，碑宽1.2米，高2.58米。碑帽为仿古建筑屋面雕刻，上有脊刹、吻兽。额题楷书阴刻"钟灵毓秀"4字。两侧楷书阴刻楹联："众峰罗列先灵妥；万水归朝后裔昌。"碑文为"皇清待赠登仕郎显考王公讳文汉之墓"，立于清道光二十年（1840年）。墓前有石桌、石凳，石桌上刻有牡丹花纹。

1 王文汉烈士墓碑
2 王文汉烈士墓近景
3 王文汉烈士墓远景

刘太夫人墓

刘太夫人墓位于贵安新区湖潮乡塔山坡北面坡脚。清咸丰年间墓葬。坐南朝北，周长23米，封土高1.8米，面积42.06平方米。碑圆首，宽1米，厚0.24米，高2.3米。正面阴刻"清封一品夫人马母刘太夫人墓"13字，左侧阴刻"生咸丰甲寅年九月初七日亥时，殁夏囗己巳年六月廿七年寅时"26字，右侧阴刻"男汝骥、骅、骁，孙嗣援、涓、良、超、成、钰、植奉祀"16字，字尺寸3厘米×3厘米、5厘米×5厘米，碑座为龟形，长1.2米，宽0.8米，厚0.3米，龟首残缺，龟背有龟甲形纹饰，两前肢前伸，龟爪突出。该墓葬曾多次被盗，加之无人看护，致使墓前设施（除墓碑外）荡然无存。

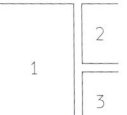

1　刘太夫人墓全景
2　刘太夫人墓碑东侧面
3　刘太夫人墓碑西侧面

简思曾墓

简思曾墓位于安顺市西秀区旧州镇西门外。简思曾，为清朝旧州名人，好做善事，受广大人民爱戴。该墓是当地群众纪念其而建的"衣冠冢"。清戊午年立，墓地占地面积30平方米，墓坐北朝南，土封石围，通高3.3米。碑檐宽2.2米，牌楼式墓碑，额题"朝议大夫"，正中竖向楷书阴刻"简公讳思曾墓"。碑正中有双凤朝阳石刻，碑左右次间有篆体阴刻对联。

1 简思曾墓侧面
2 简思曾墓正面
3 简思曾墓远景

龚寿昌合葬墓

龚寿昌合葬墓位于贵安新区高峰镇王家院青鱼塘东面滇黔公路北侧150米。坐东南朝西北,为夫妻合葬墓。墓为土坟,呈圆丘形,周长18米,封土高1.3米。墓碑为青石质,庑殿顶式碑帽,长1.25米,宽0.56米,高0.3米,碑额横向楷书阴刻"垂裕后昆"4字,每字9厘米×12厘米,正中竖向楷书阴刻"皇清诰赠承信郎显考公讳寿昌、宜人妣母曹太君之墓",左侧竖向楷书阴刻"咸丰己未年仲夏月吉日立";右侧阴刻"孝男翔云、羽林、守身、守成、廷美仝(同)祀"。碑柱两边竖向楷书阴刻对联:"紫诰千秋绵德泽,青春百代荐馨香"。案几式碑座,长1.2米,高0.4米。

1 龚寿昌合葬墓墓碑
2 龚寿昌合葬墓全景

魏长卿墓

魏长卿墓位于安顺市平坝区乐平镇塘约村谷掰寨柏枝林。坐西朝东。占地面积100平方米，共3座，土坟，有碑，均立于咸丰庚申年（1860年）。墓地中心一座为魏长卿墓，碑身正中阴刻楷书"皇清诰授武功将军显考魏公字长卿府君大人之墓"，该墓是其与夫人陈氏合葬墓，南侧2米处为母亲黎氏墓。三座墓碑均为青石质，有碑座、碑身、碑柱、碑额、碑帽，碑帽为歇山顶，雕刻有精美图案，魏长卿墓碑上镌刻其生平简历。三座墓保存较好，除封土有明显盗挖痕迹外，墓碑完整，字迹清晰，雕刻图案精美。

1	2	3
4	5	

1　魏长卿夫人陈氏墓碑
2　魏长卿墓碑
3　魏长卿母亲黎氏墓碑近景
4　魏长卿母亲黎氏墓碑远景
5　魏长卿及其夫人陈氏、母亲黎氏墓碑远景

杨大廷墓

杨大廷墓位于贵阳市花溪区麦坪乡施庄村岩脚山。封土墓。占地面积约15平方米。墓碑为"五合碑",宽1米,高1.95米。碑刻"皇清待赠武信郎显考杨公讳大廷之墓",立于清咸丰十一年(1861年)。左右楹联为"佳城丕创锦瓜瓞,吉地宏开焕人文"。碑基座已经被泥土掩盖,碑帽和碑身因为盗掘时损坏,后人又重新修补过。

1 杨大廷墓碑
2 杨大廷墓远景

董佩墓

董佩墓位于贵安新区湖潮乡广兴村大云坡山上。清光绪九年（1883年）重建。坐北朝南。墓周长25米，面积49.15平方米，封土高1.8米。墓前立有石碑，方首，碑身宽0.75米，厚0.15米，高1.55米，正中阴刻"皇清诰封奉政大夫显考董公讳佩字幼云府君之墓"21字，字尺寸5厘米×5厘米，左侧阴刻"光绪九年岁次癸未仲春月吉旦"13字，字尺寸5厘米×5厘米，右侧阴刻"男德培，孙嘉桂、谟、梅、诒、福、祯、喜，曾孙祥兴、贵、富、元、顺、宣重建"23字，字尺寸3厘米×3厘米、5厘米×5厘米。碑座为长方形，长0.9米，高0.12米。碑前有石供桌一张，为正方形，边长0.84米，高0.4米；石凳两张，为长方形，长1米，宽0.2米，高0.25米。另在距坟中心12米处正南面有一华表，四棱柱形，宽0.36米，高3.9米，柱顶雕刻石狮子，形象生动。该墓葬2000年被盗，原貌破坏，年久失修，加之无人看护，致使另一根华表无存。

1　董佩墓全景
2　董佩墓远景
3　董佩墓华表

施耀廷合葬墓

施耀廷合葬墓位于安顺市平坝区十字乡墨翁村东北1千米雷打坡半山上，为夫妻合葬墓。施耀廷，麦翁村人，曾为当地团练，组织乡民修屯保村。后被俘，为苗役使数年。墓坐西朝东，占地面积约300平方米。石围土冢，呈圆丘形，墓底直径4.8米，封土高2.8米。墓碑立于清光绪十八年（1892年）。墓碑为青石质，四柱三间牌坊式。牌坊宽2.26米，高3.1米；碑柱宽0.16米，高1.6米；碑帽为歇山顶二重檐。石碑雕刻有人、花、草、兽、鱼，栩栩如生。碑额楷书阴刻"兑山震向"4字，碑正中楷书阴刻"皇清应赠登仕郎显考施公号耀廷府、孺人显妣施母刘氏人君墓"。左右两间有《赞曰》诗，共96字记录施公、刘氏夫妻生平，四柱有楷书阴刻对联共30字。共3个拜台，青石铺砌，墓曾遭三次盗扰。

1　施耀廷合葬墓远眺
2　施耀廷合葬墓墓碑右侧
3　施耀廷合葬墓近景
4　施耀廷合葬墓墓碑帽
5　施耀廷合葬墓墓碑人物雕刻

马嘉懋墓

马嘉懋墓位于贵安新区湖潮乡塔山坡西北100米处。建于清光绪二十三年（1897年）。坐南朝北，周长23米，封土高1.8米，面积39平方米。碑为长方形，方首，宽0.96米，厚0.25米，高2.1米。正中阴刻"诰封中宪大夫马公嘉懋大人墓"13字，左侧阴刻"大清光绪二十有三年己亥六月之吉立"16字，右侧阴刻"男汝骥、骅、骁，孙嗣援、融奉祀"11字，字尺寸3厘米×3厘米、5厘米×5厘米。碑座为长方形，雕刻有"双狮抢绣球"纹饰。该墓葬曾多次被盗，盗洞回填；墓碑保存较好，碑身与碑座连接处有铁水浇铸痕迹，字迹清晰完整。

1	
2	

1　马嘉懋墓碑座
2　马嘉懋墓全景

柏登杨墓

柏登杨墓位于安顺市西秀区黄腊乡腊寨村口50米处。坐东北朝西南，清光绪二十七年（1901年）立，占地面积6平方米。柏登杨，男，布依族，是布依族体育竞技抵杠的创始人。墓土封石围，平面呈圆丘形。碑方首，白棉石质，宽0.66米，厚0.35米，高1.2米。碑文楷书阴刻，正中刻"皇清特授武略郎显考柏公讳登杨之墓"。

1	
2	

1　柏登杨墓碑正立面
2　柏登杨墓全貌

洞洞坡墓群

洞洞坡墓群位于贵阳市花溪区石板镇一村西4千米处。分布面积1万余平方米，墓葬千余座，无封土堆。有近百座已被扰乱，墓室用厚3厘米左右的薄石板砌筑，一种是四壁平砌20层左右石板，再用石板盖顶，一种是用石板竖直砌就，然后盖顶。底皆盖石板，墓室长2米左右，宽0.4～1米，高0.5～0.8米，随葬品有条脱、戒指、发钗、铃等铜器。无碑记可考。

1 洞洞坡墓群近景
2 洞洞坡墓群整体环境

花鱼井墓群

花鱼井墓群位于贵阳市花溪区石板镇花鱼井村南。墓群分布较为散乱，墓群处于北坟小坡南面半山至山顶处。皆就地取材用薄石板砌成圆形，以石围砌封土为主，部分墓土石难分。多为清代墓葬。分布面积4000平方米，墓底径约3米，高约1.2米，无碑记可考，墓多坐北朝南。

1 花鱼井墓群近景
2 花鱼井墓群远景

古井、古泉

南门大井

南门大井（旧称"史家大井"）位于安顺市平坝区城关镇文明社区南街大井坎。地理坐标为东经106°15′25.8″、北纬26°24′52.6″，海拔1273.7米。始建于明洪武十八年（1385年）。占地面积12平方米，井壁周围全用料石垒砌，口径3.4米，深2米余。水质清洌甘甜，汩汩不绝从井底石隙中冒出，常年不枯。井分别有洗菜池和洗衣池。现仍有部分居民使用此井，保存状况较好。

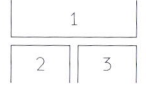

1 南门大井周边环境
2 南门大井周边环境
3 南门大井井口

北门大井

北门大井位于安顺市平坝区城关镇自强路（北街）老机械厂斜对面。地理坐标为东经106°15′35.9″、北纬26°24′10.9″，海拔1289.4米。始建于明洪武十八年（1385年）。占地面积64.8平方米，井口长4.3米，宽3.8米，深2米。井壁用料石垒砌，井四周由石块铺墁改为混凝土铺墁。现仍有部分居民使用此井，保存状况较好。

1	
2	3

1　北门大井周边环境
2　北门大井井口
3　北门大井井口

城南月亮井

城南月亮井位于安顺市平坝区城关镇城南村老南街口。地理坐标为东经106°15′21.8″、北纬26°24′44.7″，海拔1256.6米。始建于明洪武十八年（1385年）左右。占地面积100余平方米。井呈圆形，明洪武二十三年（1390年）平坝卫修城墙时，城垣将井分为城内、城外各一半，状如弯月故名，井口直径2.43米，深4.5米，井壁均由料石垒砌。水从井底石缝汩汩冒出，清冽甘甜，水流量大。近年此井四周井台曾维修扩建，有围墙和绿化带，建筑材料均为现代。现在井的出水量不如从前，但井的四周保存状况较好。

1　城南月亮井近景
2　城南月亮井围墙

东门大井

东门大井（旧称"赵家大井"）位于安顺市平坝区城关镇自强社区电影院东侧约10米处。地理坐标为东经106°15′30.7″、北纬26°24′11.3″，海拔1268.8米。始建于明洪武二十三年（1390年）。占地面积77.9平方米，井呈正方形，口径3.3米，深2米余。水从井底石罅中冒出，水清冽甘甜，常年不竭。井壁乃料石垒砌，中华人民共和国成立后民众距主井丈余处分别砌有洗菜池和洗衣池。此水井由居民使用至今，保存状况较好。

1　东门大井井口
2　东门大井周边环境

张官屯井

张官屯古井位于安顺市西秀区蔡官镇张官屯。地理坐标为东经105°57′40.9″、北纬26°18′26.9″，海拔1443.8米。修建于明洪武年间。古井直径13米，深7.2米，占地面积132.7平方米。1910年，为保护古井，村民集资，修砌围合，人工砌高4.15米。古井又称"干坑岩""大水井"。古井保存完好，迄今仍然使用。

1 张官屯井石坎
2 张官屯井石围墙

天龙大井

天龙大井位于安顺市平坝区天龙镇"天龙学堂旧址"后门左侧古槐下。地理坐标为东经106°9′18.7″、北纬26°21′11.5″，海拔1316.4米。始建于明初。占地面积25平方米，井呈正方形，口径1.35米，深10米，水为地下水。井壁及四周均用青石砌筑、铺墁。井东南1米处建有土地庙，逢年过节村人为感谢土地菩萨为大家提供井水，均在此燃点香烛表达敬意，尤以每年正月初二为最。

该井为天龙屯堡的建造提供了有力佐证，有一定的文物价值。大井周边环境设施到位，井水清冽，村人饮用自来水后，该井水仅作为学堂和小学消防安全备用水。现保存状况较好。

1　天龙大井井口
2　天龙大井远景
3　天龙大井全景

旧州东门井

旧州东门井位于安顺市西秀区旧州镇旧州村东街天宝桥南桥头田间。地理坐标为东经106°8′25.5″、北纬26°15′9.6″，海拔1269.3米。年代为明代。曾作旧州东街主要饮用水源，井为规则圆形，直径3.8米，周长12米，深2米。井原为方形，20世纪80年代，由村民集资改建为圆形。四周有围墙，并加盖水泥板，安装六个手摇打水机。引进自来水后，打水机被废弃，至今仍有老人喜欢饮用井水，水泥板被撬开1/4。井主体完好，青石井壁，极其规则，井盖残存四个手摇打水机。

1 旧州东门井全貌
2 旧州东门井现状

马槽井

马槽井位于安顺市西秀区旧州镇詹家屯村东南面小门塘。地理坐标为东经106°8′58.9″、北纬26°13′47″，海拔1285.9米。始建于明代，距今600余年。井呈长方形，长5.43米，宽1.7米，深4米，面积9.231平方米。井四周均用大青石砌筑，井平台（面）青石块铺墁，设计精巧，水质甘甜。保存完好，使用至今。

1 马槽井全景
2 马槽井局部

中所井

中所井位于安顺市西秀区大西桥镇中所村中心，地理坐标为东经106°8′44.8″、北纬26°20′36.6″，海拔1318.9米。始建于明代。坐西朝东，井壁为方石砌筑，井口呈长方形，长2.7米，宽1.5米，深3.6米。南北井壁有石砌三角形淘井梯，井四周有水泥围墙，占地面积50平方米。

1 中所井井口
2 中所井全貌

花园吊井

花园吊井位于安顺市西秀区七眼桥镇花园村中心。地理坐标为东经106°0′50″、北纬26°16′31.5″，海拔1359.5米。始建于明代。坐西北朝东南，占地面积20平方米。井呈圆形，直径0.5米，深5米，周边有石砌围墙。

1 花园吊井井口
2 花园吊井全貌

张家井

张家井位于安顺市西秀区蔡官镇塘官村东200米。地理坐标为东经106°1′9.2″、北纬26°21′31.3″，海拔1402.6米。建于明代。坐西朝东，占地面积44平方米。石砌井壁，平面呈正方形，边长3米，深2米，井面盖有水泥板，周边石砌围墙及梯坎。构架稳定，2004年维修。

1 张家井井口
2 张家井全貌

本寨月亮井

本寨月亮井位于安顺市西秀区七眼桥镇本寨村南80余米。地理坐标为东经106°5′5″、北纬26°17′2.2″,海拔1327.5米。始建于明代。坐西朝东,占地面积为32.15平方米。平面呈圆形,石块垒砌。井本体形状为"月牙形",内径2.45米,深1.5米,水质清澈。月亮井在全国重点文物保护单位云山屯古建筑群辖区范围。保存完好,结构稳定。

本寨月亮井全景

皇历井

皇历井位于安顺市西秀区大西桥镇石板房村东南50米。地理坐标为东经106°9′13.9″、北纬26°21′5.2″，海拔1307米。皇历井开凿于明代，近年修缮。整个井平面呈圆形，砌一道圆形石围墙保护。出水的井眼用青石砌成正方形，边长1米，深2米。井口西面依次有3个储水池，功能各具，上层的储水池为人饮处，供村民生活用水，中、下层的储水池依次为洗菜洗衣池、牲畜饮水池，功能分明，以保障卫生。皇历井井水清澈透明，井中游鱼清晰可见。2010年当地人于围墙内井口南面修一土地庙；围墙南面建一进入井的大门，大门上书一对联：土庙建成全村安，饮水思源念前人；横联：泉水永流。皇历井是研究明代以来该地区的人口发展状况和生活状况的实物证据之一，证明了当地早在明代就有人居住，为研究地方历史提供了重要资料。井口四周干净，水源丰富；各储水池功能明确；井沿稳固完整。

皇历井全景

齐家井

齐家井（又名"七家井"）位于安顺市平坝区城关镇鼓楼社区西街。地理坐标为东经106°15′34.5″、北纬26°24′15.9″，海拔1296.3米。始建于明代。占地面积22平方米。井壁用料石垒砌，井四周除北面外，东、南、西三面均有石墙围护，北面修有排水沟排污。井口径2.3米，深2米余。水从地底喷涌而出，流量大，附近居民除生活饮用，还用其做豆腐、卷粉、酿酒。保存状况较好。

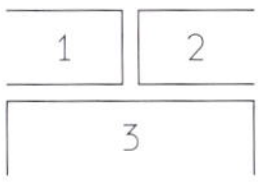

1	2
3	

1 齐家井井口
2 齐家井周边环境
3 齐家井周边环境

虾儿井

虾儿井位于安顺市平坝区天龙镇打磨村虾儿井组东南面凹地。地理坐标为东经106°11′30.7″、北纬26°21′18″，海拔1409米。旧时因井中虾儿多而得村名、井名（现亦有虾儿，但量少）。始建于明代，后历代修葺。坐东南朝西北，占地面积65.8平方米。井沿长2.85米，宽2.2米，深4米，水从岩下渗出。井东南面为自然崖壁，其余三面料石叠涩垒砌而成。井水水质优良，常年不涸，仅2010年遇百年大旱时干涸，后下雨又流淌。井东北面有土地庙一座，村民每逢正月初二，清早即带上香蜡纸烛到庙前祭拜，感谢土地菩萨为他们带来甘甜的井水。

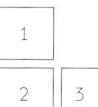

1 虾儿井远景
2 虾儿井近景
3 虾儿井土地庙

杨柳哨井

杨柳哨井位于贵安新区马场镇川心村杨柳哨组西北200米处道路旁。地理坐标为东经106°27′43.1″、北纬26°21′10.9″，海拔1260.1米。始建于明代。占地面积185平方米，建筑面积45平方米。井水清澈甘洌，从地底岩隙间渗出，天旱也不会干涸（2010年大旱仍有水）。井周全用大块料石从井底叠涩垒砌，为不规则四边形，长6.8米，宽6.6米，深1.5米。村民在原井坎上加砌水泥砖围墙，并于东北面建水泵房一间，抽井水供村民饮用。该井保护较好，基础牢固，水量充足。

1
2
3

1 杨柳哨井近景
2 杨柳哨井现状
3 杨柳哨井远景

水洞井

水洞井位于安顺市平坝区天龙镇天台村小学校东南面200米处。地理坐标为东经106°10′22.1″、北纬26°21′35.7″，海拔1328.9米。始建于明末清初。占地面积945平方米。阴河水，从岩洞中流出，水质优良。洞口宽6.3米，高3.3米，洞深600米未尽，井深2米。洞口上方岩壁缝隙由人工砌石补平，石墙中部有石佛一尊、石碑一通，但石碑字迹模糊难辨。村民打水处用石块铺墁平台和石级，洞前有现代蓄水池一个。蓄水池前有石头土地庙一座，每年正月初二清早，村民都要到此烧香点烛化帛祭拜土地菩萨，感谢其为人们提供甘泉。井水清澈，井周附属设施皆完好，基础牢固。

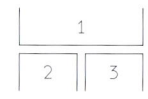

1 水洞井远景
2 水洞井近景
3 水洞井洞口现状

夏官屯大井

夏官屯大井位于安顺市西秀区七眼桥镇夏官村中心。地理坐标为东经106°3′40.4″、北纬26°15′14.3″，海拔1354.8米。始建于清道光八年（1828年）。坐南朝北。水井分3口，均为石砌井壁。饮水井平面呈正方形，边长为5米；洗菜井平面呈不规则形，占地面积约40平方米；洗衣井平面呈长方形，长8米，宽4.5米。饮水井侧面立一饮水思源碑。井构架稳定，管理较好，1996年进行维护修缮。

1　夏官屯大井井口
2　夏官屯大井饮水思源碑
3　夏官屯大井远景

白岩井

白岩井位于安顺市西秀区黄腊乡白岩村西北方向50米处。地理坐标为东经106°18′41.7″、北纬26°14′14.9″，海拔1283.7米。始建于清代。占地面积56平方米。古井由三口水井组成，每口井均为约4平方米的正方形，三口井呈"品"字形，井水常年不枯，水质好，三口井分别用于饮用、洗菜和洗衣。井边有排水沟渠。2005年村寨集资对井沿进行维护。

1 白岩井近景
2 白岩井远景

岩底井

岩底井位于安顺市西秀区黄腊乡岩底村西南方向50米处。地理坐标为东经106°18′58″、北纬26°14′58.1″，海拔1264.5米。始建于清代。水井入口坐东北朝西南，井口为长1.8、宽1.7米的长方形，占地面积25平方米。井边有排水渠，周边有石砌围墙。水井水质较好，常年不枯，至今仍为村民所饮用。保存较好，20世纪90年代村民曾对井沿进行维护。

1	
2	

1　岩底井近景
2　岩底井全景

新龙井

新龙井位于安顺市西秀区七眼桥镇两所屯村中心。地理坐标为东经106°0′56.8″、北纬26°16′26.4″，海拔1365.2米。始建于清代。井口坐西北朝东南，占地面积15平方米。石砌井壁，平面呈长方形，长1.2米，宽1米。井周边有石砌围墙，高1.2米，呈椭圆形。井西南方向20米处有吊井一口，已废弃使用。

1 新龙井全景
2 新龙井井口

山岚湾井

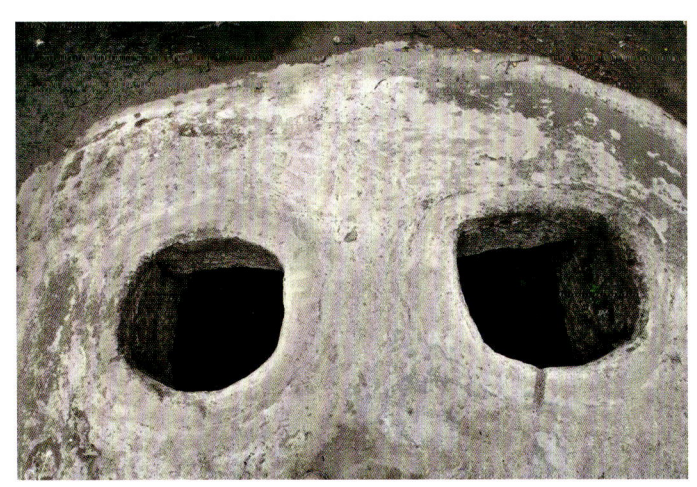

山岚湾井位于安顺市西秀区七眼桥镇山岚村中心。地理坐标为东经106°2′2.2″、北纬26°17′14.1″，海拔1348.4米。始建于清代。坐南朝北，占地面积19.6平方米。石构双眼井，平面呈圆形，直径2.5米，深5米，周边石砌圆形围墙。

1　山岚湾井井口
2　山岚湾井全景

老塘关吊井

老塘关吊井位于安顺市西秀区七眼桥镇老塘关村西500米处。地理坐标为东经106°2′2.8″、北纬26°18′28″，海拔1382.1米。始建于清代。坐西朝东，占地面积34平方米。井口呈长方形，长0.85米，宽0.45米，深7米，周边石砌围墙。

1 老塘关吊井井口
2 老塘关吊井全貌

大坡脚小井

大坡脚小井位于安顺市西秀区七眼桥镇大坡脚村中心。地理坐标为东经106°2′20.2″、北纬26°18′46.3″，海拔1359.6米。始建于清代。坐北朝南。井口依山势而建，平面呈长方形，长10米，宽4.5米，深7米，水源北面有石砌梯坎。

1 大坡脚小井石坎
2 大坡脚小井全貌

兴隆吊井

兴隆吊井位于安顺市西秀区七眼桥镇兴隆村西北20米处。地理坐标为东经106°2′41.7″、北纬26°17′55.9″，海拔1357.5米。始建于清代。坐西北朝东南，平面呈圆形，毛石砌筑，占地面积28平方米。井口呈长方形，长1米，宽0.65米，深6米。20世纪90年代翻修。

1 兴隆吊井井口
2 兴隆吊井全貌

长山井

长山井位于安顺市西秀区蔡官镇长山村北公路旁。地理坐标为东经105°58′58.8″、北纬26°20′15.7″，海拔1434.7米。建于清代。坐南朝北，占地面积约20平方米。石砌井壁，平面呈长方形，长3.7米，宽2.8米。井上盖有水泥板，取水口有3个，两边呈半圆形，中间呈"圭"形。周边有石砌围墙及梯坎。

1 长山井取水口
2 长山井全貌

庙龙潭

庙龙潭位于安顺市西秀区蔡官镇王家庄村中心。地理坐标为东经105°59′38.5″、北纬26°20′27.4″，海拔1428.5米。建于清代。坐东朝西。石构井壁，平面呈圆形，直径4米，水泥板盖井面。井口南面上方有石碑一通，宽0.5米，高0.65米。井正前方有排水沟渠。

1. 庙龙潭井口
2. 庙龙潭全貌

来考坝井

来考坝井位于安顺市平坝区乐平镇来考坝村005县道南侧20米处。地理坐标为东经106°3′46.9″、北纬26°26′29″，海拔1292米。始建于清代。占地面积14平方米。井呈长方形，长5米，宽2.8米，深1.2米，共分4个井口，水乃地下水，从井底岩缝冒出，清洌甘甜。上用厚条石搭盖，挡住了灰土及杂物；下用厚石条作井坎，挡住了污水回流。井下砌有洗菜池和洗衣池。井水四时不涸。古井左侧土坎下立有清咸丰五年（1855年）石碑一通，青石质，圆首，宽0.69米，厚0.08米，高0.97米。碑首横向楷书阴刻"品物咸亨"4字，碑文竖向小楷阴刻13行286字。从碑文看，要求村民爱护水井，对研究当地的民风民俗及生态环境理想有一定参考价值。古井水源充足，四时不涸，甘洌可口，环保设施到位，给该村村民提供了生活便利。

1 来考坝井全景
2 来考坝井局部
3 来考坝井古碑

九溪井

九溪井位于安顺市西秀区大西桥镇九溪村中间街。地理坐标为东经106°8′15.5″、北纬26°18′34.4″，海拔1300米。始建年代不详。占地面积3.6平方米。井呈正方形，四周用四块长0.9、厚0.05米的石板镶砌而成，井口高出地面0.75米。井口呈正方形，深约5米，常年不会干枯，村民还在饮用此水，由于人们常年在此取水，外围四周石板上被提水绳磨成了一道道半圆形凹槽。保存完整，是当地保留不多的古井。

1　九溪井局部
2　九溪井全貌

喜客泉

喜客泉位于安顺市平坝区城关镇头铺村南小溪畔。地理坐标为东经106°13′16.4″、北纬26°23′24.1″，海拔1273.5米。始辟于明代，又名"珍珠泉""喷珠泉"，平面是半圆形，总占地面积90平方米。井宽3米，深2.5米。上为泉眼，下为洗菜、洗衣地，均为3米×3米左右。泉水出自喀斯特岩溶缝隙中，又有震动便会连续不断地冒出形似珍珠的气泡，故得名。明嘉靖三十年（1551年），焦希程撰《喜客泉碑记》载："井旁建泉亭，修祠宇。"清康熙十一年（1672年）云贵总督甘文焜在泉畔立喷珠泉记碑。现存清宣统元年（1909年）修建功德碑，该泉具有一定文物价值。1982年平坝县人民政府根据其文物价值将其公布为县级文物保护单位，1987年平坝县人民政府维修并勒碑为记，1994年为其树立石质保护标志牌。水质甘甜清洌，四季不涸，"喷珠"现象依旧，保存完整。有村民利用此水制作"珍珠泉"酱油。

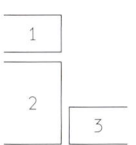

1 喜客泉保护标志碑
2 喜客泉周边环境
3 喜客泉全景

4 喜客泉周边环境
5 喜客泉1987年纪念碑
6 喜客泉宣统元年功德碑

宗祠、牌坊

金氏宗祠

金氏宗祠位于安顺市西秀区七眼桥镇章家庄村中心。地理坐标为东经106°5′38.4″、北纬26°17′17.2″，海拔1309.4米。始建于明代。坐南朝北，二进四合院式木结构单檐悬山石板青瓦顶建筑。正殿三间，面阔10米，进深5米，高6米。房屋构架稳定，2004年维修。

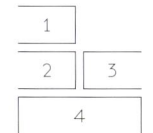

1　金氏宗祠正房正立面
2　金氏宗祠西厢房正立面
3　金氏宗祠影壁正立面
4　金氏宗祠远景

越氏祠堂

越氏祠堂位于贵安新区马场镇佳林村佳林小学校园内教学楼北侧10米处。地理坐标为东经106°31′16.6″、北纬26°20′28.3″，海拔1241.6米。始建于清康熙年间。坐东南朝西北。石木结构，穿斗抬梁式硬山青瓦顶建筑，原有正房三间、东厢房、西厢房、天井、厨房等，占地面积1330平方米，房屋建筑面积120平方米。正房面阔13米，进深9米。厨房、东西厢房已毁，现改建为学校教室。正房前廊下五级石梯通天井。正房前廊西侧有同治元年（1862年）"永遵千古"石碑一通，字迹清晰可辨。该祠堂石木构件雕刻精致，部分木构件松动、剥落，有较高艺术价值。

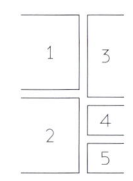

1 越氏祠堂远眺
2 越氏祠堂近景
3 越氏祠堂"永遵千古"碑
4 越氏祠堂椽枋木雕
5 越氏祠堂正房

罗氏宗祠

罗氏宗祠位于贵阳市花溪区石板镇花街村高山寨，祠堂正堂前天井1米处。地理坐标为东经106°34′55.2″、北纬26°25′47.5″，海拔1196.3米。建于清道光八年（1828年）。坐东朝西，由大门、两厢房、享堂、钟鼓楼组成"品"字形院落，占地面积约600平方米，建筑面积380平方米。穿斗式悬山青瓦顶，垂瓜、横额雕刻精致。现无人使用，荒废已久，屋顶已垮塌，屋内外杂草丛生，基础构架还在，但损毁严重。

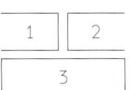

1 罗氏宗祠正堂
2 罗氏宗祠正堂和南厢房
3 罗氏宗祠远景

黄氏宗祠

黄氏宗祠位于贵安新区党武镇党武村东北隅。地理坐标为东经106°35′34.8″、北纬26°23′17.4″，海拔1297.3米。建于清咸丰十一年（1861年）。原由享堂、两厢、对厅及大门组成封闭式四合院，现仅存享堂，其余改建为幼儿园。仅存的享堂板壁脱落，木柱、穿枋等木制构件部分糟朽，屋瓦破损严重，整个祠堂保存较差。

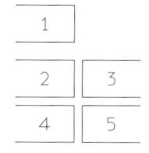

1 黄氏宗祠享堂
2 黄氏宗祠瓦当
3 黄氏宗祠碑记
4 黄氏宗祠房梁
5 黄氏宗祠局部

宁远宗祠

宁远宗祠位于贵安新区党武镇掌克村。地理坐标为东经106°34′42.2″、北纬26°20′42.2″，海拔1059.4米。张彦建于乾隆四十八年（1783年），同治八年（1869年）重建。占地面积400平方米，由享堂、左右厢房、牌坊及大门组成封闭式四合院。现存享堂、左右厢房、围墙及碑刻一通。享堂为穿斗抬梁式混合结构。原天井处立有牌坊，此牌坊完全按照张彦从江南所带来的图样建造，极为精美。惜牌坊已毁。祠堂所需砖瓦，在当地建窑烧造。由于修路，外墙损坏较重，祠堂则由于长期作为学校得以完整保存。张彦，字硕人，号云麓，乾隆十七年（1752年）进士，曾任江南宁国县、灵璧县知县，后改任宣城。为官期间乐善好施、赈灾救民，深受百姓爱戴，并且获朝廷准许在家乡建牌坊。解职回乡后，即着手建宗祠。右厢存嘉庆八年（1803年）《宁远宗祠记》碑，宽0.8米，高1.8米。额题"承先启后"4字，碑文共500余字，记张氏建祠缘由、经过及张彦生平情况。现整个建筑院落较完整，因近年无人管理，房内、院内杂草丛生，正厅、两厢房顶瓦大部分垮塌，只有梁架较完整，碑刻文字能完全识别。

1 宁远宗祠俯拍
2 宁远宗祠全景

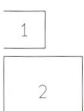

3　宁远宗祠石碑拓片
4　宁远宗祠精美木雕
5　宁远宗祠石柱础
6　宁远宗祠石碑上半部分

叶氏宗祠

叶氏宗祠位于安顺市西秀区旧州镇詹家屯村下街，是一组清代建筑。地理坐标为东经106°8′55.9″、北纬26°13′49.1″，海拔1293.5米。大梁题记记载其建于光绪二十一年（1895年）。由正殿、下殿、左厢房、右厢房组成四合院，坐西南朝东北，正殿面阔三间，进深8.8米，穿斗抬梁式歇山青石顶。占地面积286.7平方米。具有江南民居建筑风格，是叶氏族人祭祀场所。石木构件保存较好，"文化大革命"期间一些木雕图案被损毁。

| 1 | 2 |

1 叶氏宗祠正门
2 叶氏宗祠西厢房

徐氏祠堂

徐氏祠堂位于贵安新区马场镇平阳小学校园内教学楼右侧20米。地理坐标为东经106°32′23.4″、北纬26°20′18.5″，海拔1270.9米。始建于清代，具体年代不详。坐西北朝东南。现存大门、正房三间等，占地面积3092平方米，建筑面积140平方米。正房三间，石木结构，为穿斗抬梁式硬山青瓦顶，面阔三间，进深四间，面阔13.5米，进深10.4米，单层建筑。前廊檐枋雕刻有"八仙图"等图案，前廊下七级石梯通天井，石梯左右有虎抱鼓石雕。徐氏祠堂现仅存正房三间，破损严重。建筑主体结构尚存，部分木构件腐蚀损坏，总体保存程度一般。

1 徐氏祠堂近景
2 徐氏祠堂大门
3 徐氏祠堂正房石阶
4 徐氏祠堂橡枋木雕
5 徐氏祠堂石阶抱鼓

大梨树石牌坊

大梨树石牌坊位于贵阳市清镇市红枫湖镇民联村大梨树组贵黄公路旁。地理坐标为东经106°22′7″、北纬26°30′19″，海拔1247.9米。建于道光二十二年（1842年）。坐东北朝西南。为旌表刘左氏夫之守节所立，为四柱三门二楼，白石牌坊，现存三柱二门，残宽4.9米，中间宽2.6米，高4.8米，坊柱四面雕刻楹联。牌坊正中行楷书阴刻"劲节流芳"4字，每字28厘米×28厘米，须弥座带抱鼓。雕刻手法以高浮雕为主，以人物、动物、植物等吉祥图案为主，正脊为透雕花脊。字迹部分风化严重。2003年，清镇市政府将其公布为县级文物保护单位。

1 大梨树石牌坊局部
2 大梨树石牌坊全景

宗教遗址

清凉洞遗址

清凉洞遗址位于安顺市西秀区七眼桥镇清凉村。地理坐标为东经106°2′50.1″、北纬26°15′40.5″，海拔1371.6米。该洞又名"粮仓洞"，坐南朝北，始建于南宋时期。现洞内有菩萨释迦、观音、十八罗汉等。1984年7月公布为县级文物保护单位。寺庙已毁，存建筑遗迹，清凉洞迄今仍为清凉寺使用。

清凉洞遗址

高峰山遗址

1 高峰山"卍华禅院"山门
2 高峰山"卍华禅院"远眺

高峰山遗址（卍华禅院遗址）位于贵安新区马场镇烂坝村高峰山山腰。地理坐标为东经106°24′12.3″、北纬26°22′44.7″，海拔1342.4米。坐南朝北，占地面积3500平方米。明洪武三年（1370年）于高峰山建庙。明永乐及清顺治年间扩建。清咸丰年间毁，光绪十七年（1891年）至二十九年（1903年）重修。1943年在此创办"贵州佛学院"。原有山门、大雄宝殿、两庑、金刚楼、藏经楼、接引殿等。建筑面积1500平方米。山脚下部队在"文化大革命"期间和后期修石油仓库时拆毁。20世纪90年代，在贵阳黔灵山宏福寺慧海和尚倡导下，由其徒觉锐主持在原址上先后建起山门、山门殿、大雄宝殿等建筑，重现卍华禅院风采。

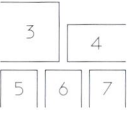

3　高峰山"西来面壁"摩崖石刻
4　高峰山"西来面壁"摩崖石刻
5　高峰山"卍华禅院"碑刻拓片
6　高峰山"卍华禅院"碑刻拓片
7　高峰山"卍华禅院"碑刻拓片

伍显寺

伍显寺位于安顺市西秀区旧州镇詹家屯下街。地理坐标为东经106°8′56.5″、北纬26°13′48.9″，海拔1281.2米。始建于明洪武十四年（1381年），乾隆二十七年（1762年）重修。为砖木结构建筑。前殿面阔三间，进深一间，后殿面阔五间，进深一间，中间有天井，占地面积1000平方米，建筑面积400平方米。殿内供奉伍显菩萨，供当地村民祭祀用，每年春秋两季是香火旺盛之时，部分木构件花纹在20世纪60年代被毁。

1 伍显寺石碑
2 伍显寺正殿

华严寺遗址

华严寺遗址位于安顺市西秀区旧州镇把士村华严洞旁。地理坐标为东经106°7′35.2″、北纬26°15′30.4″，海拔1290.5米。始建于明朝洪武年间。坐北朝南，原有围墙、正殿、东厢房、西厢房、对厅房等，占地面积约400平方米。1950年被拆除，现仅存基址、部分残墙，部分改为庄稼地。

1 华严寺遗址墙基
2 华严寺遗址残墙
3 华严寺遗址残墙

玉丹山寺

玉丹山寺位于安顺市平坝区白云镇肖家庄白营街上。地理坐标为东经106°12′32″、北纬26°19′23.8″，海拔1280.4米。始建于明初，清光绪十七年（1891年）重建。坐西朝东，穿斗抬梁式悬山青瓦顶，石木结构。现有正房五间，面阔19米，进深8米。原有左、右两厢（"文化大革命"时期被毁）。正房廊庑抬梁木枋雕有精美的花、草、鱼、鸟图案（"文化大革命"时期被毁），有极高的艺术研究价值。

玉丹山寺

伍龙寺

伍龙寺位于安顺市平坝区城西南13千米的天龙镇境内。地理坐标为东经106°10′31.2″、北纬26°21′18.6″，海拔1413米。坐东南朝西北，占地面积1200平方米，相对高度90米。始建于明万历十八年（1590年），经明崇祯、清康熙、清乾隆、清嘉庆、清道光、清咸丰、清光绪、民国历次增修扩建，方具现在规模。现存山门两道、庙门两重、三进天井、三个月台、大佛殿、倒座、两厢、玉皇阁、祖师殿、经堂、粮仓、干碾坊、马厩等40余间。

天台山伍龙寺雄峙于一峰独秀的天台山上，四周城墙怀抱，是军事功能和宗教功能合一的建筑。其周围有厚石板横砌的高墙，这些墙既是院墙，也是殿堂、房舍的围护墙，在外观上，山崖与围墙浑然一体，形如城堡，建筑中有中轴线但不完全对称；既是宗教建筑，又具军事防御功能，其内部木构件精雕细琢，生动逼真。各栋建筑更是灵施巧布，在有限的山岩上，创造出了丰富的建筑空间。其被建筑专家赞誉为"石头建筑的典范"。天台山万木掩映，石奇藤茂，摩崖石刻众多，历代文人墨客喜登天台题咏，至今崖壁上仍有"灵石参天"等明代字迹。2001年6月被公布为第五批全国重点文物保护单位。保存较为完整，基础稳定，梁架牢固。木构件漆饰褪色剥落，岩体局部风化下沉，导致粮仓于2007年底坍塌，现粮仓部分仅存山墙一堵。

1 天台山第一道山门
2 天台山第二道山门

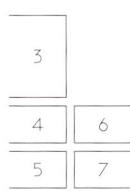

3 伍龙寺"印宗禅林"大门
4 伍龙寺"印宗禅林"大门上石刻
5 天台山"水月清华"水缸
6 伍龙寺大佛殿
7 伍龙寺殿前"倒座"

大佛寺遗址

大佛寺遗址位于安顺市平坝区十字乡沙戈村龙洞组西北50米处龙洞山顶。地理坐标为东经106°14′4.4″、北纬26°28′37.4″，海拔1383.7米。坐东南朝西北，占地面积4752平方米。始建于明崇祯十一年（1638年），历经明、清、民国三个时期，除作为佛教圣地外，还曾作过明、清官员过往休息、议事处所，民国时期的乡公所办事处。民国十三年（1924年），平坝第三初级小学校曾设于寺内。该寺有寺墙两重，全用大块青料石叠涩垒砌而成。山门、庙门各一，均为石拱券门。寺庙为全封闭四合院，有上、下殿，左右偏殿，天井和其他附属设施，面积820平方米，为石木结构建筑，惜毁于20世纪60年代，现仅存寺墙、山门、庙门及墙院、残碑几通，山脚有乾隆时期和尚坟3座。寺墙、山门及寺庙主体建筑的石墙均保存完整，三通石碑被推倒砸断，经拼合可大致了解碑文内容。

1　大佛寺遗址近景
2　大佛寺遗址远眺

3 大佛寺遗址寺门
4 大佛寺遗址寺门
5 大佛寺遗址寺门
6 大佛寺遗址残存山墙一角
7 大佛寺遗址现存大殿山墙

王家寨青龙寺遗址

王家寨青龙寺遗址位于贵阳市清镇市红枫湖镇簸箩村王家寨组。地理坐标为东经106°21′12.7″、北纬26°31′9.1″，海拔1255.4米。始建于明代，清康熙年间重建，同治年间扩建，"文化大革命"期间彻底拆除厢房。坐北朝南，基础为青石砌成，长36.6米，宽28.8米，面积1054.08平方米。青龙寺左侧厢房地表以下有一古井，宽2.53米，高2米，深4.53米，周围为方块料石砌成，井中水质较好，现为当地村民取水所用。基础保存一般。

1 王家寨青龙寺遗址近况
2 王家寨青龙寺遗址远景

永丰寺

永丰寺位于安顺市西秀区七眼桥镇雷家屯村南。地理坐标为东经106°6′1″、北纬26°17′55.6″，海拔1330米。修建于明代，道光十一年（1831年）重修。坐北朝南，中轴对称，占地面积3000平方米。现存戏楼、关圣殿、大佛殿及东西厢、玉皇殿，建筑面积2500平方米。大佛殿五间，面阔19米，进深4米，穿斗抬梁式结构硬山青瓦顶。戏楼二层，底层三间，中间为过道，前为山门，挂"圣域同登"4个字的横匾。上层为戏台，木结构，穿斗抬梁式歇山石板顶。主体保存完整，局部维修，木构件损毁严重。玉皇殿现为村级小学教学点。

1	2
3	

1 永丰寺古戏楼
2 永丰寺关圣殿正面
3 永丰寺内部

白马寺遗址

白马寺遗址位于贵安新区湖潮乡广兴村黄泥堡村民组西。地理坐标为东经106°30′59.2″、北纬26°24′53.8″，海拔1218.5米。始建于明末，坐西朝东，占地面积约1430平方米。后遭火灾。清光绪二年（1876年）重建。20世纪50年代内设小学，"文化大革命"期间遭毁。1998年僧人释祖照来此重建，2006年6月30日重新开放。现有钟楼、鼓楼、山门、放生池、接待室、大雄宝殿及在建的观音阁、南厢房、北厢房均为钢筋混凝土仿古建筑。原寺庙仅庭院及部分建筑基址尚存。白马寺为一座重新复建的佛教寺院，原有建筑全部被拆毁，重建建筑完全不按传统建筑风格建设，为钢筋混凝土仿古建筑，文物价值、艺术价值极低。

1 白马寺遗址大雄宝殿
2 白马寺遗址正门
3 白马寺遗址远景

狮子山寺遗址

狮子山寺遗址位于安顺市西秀区大西桥镇中所村狮子山顶。地理坐标为东经106°9′12.7″、北纬26°20′26.2″，海拔1405.3米。始建于明代，坐东朝西，总占地面积约2000平方米。围墙尚存数段，半山有两道石质山门。正殿平面呈长方形。建筑垮塌，仅存基址与残墙。

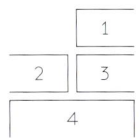

1 狮子山寺遗址残墙体
2 狮子山寺遗址残存山门
3 狮子山寺遗址大殿遗址
4 狮子山寺遗址远眺

云鹫山寺

云鹫山寺位于安顺市西秀区七眼桥镇云山村云鹫山顶。地理坐标为东经106°5′1″、北纬26°17′30.3″，海拔1509.8米。始建于明代，清代重修。坐南朝北。砖木混合结构建筑，重檐青瓦顶，平面呈长方形，占地面积627平方米。2001年6月被评为第五批全国重点文物保护单位。保存完整、结构稳定，大殿和协天阁为新建钢筋混凝土建筑。

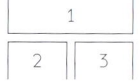

1. 云鹫山寺全景
2. 云鹫山寺局部
3. 云鹫山寺远景

龙眼山寺遗址

　　龙眼山寺遗址位于安顺市平坝区天龙镇天龙中学后山。地理坐标为东经106°9′43.9″、北纬26°21′19.2″，海拔1421.6米。始建于明代，清代重修。坐东朝西，占地面积810平方米。中华人民共和国成立初期和"文化大革命"时期遭人为损毁，现残存围墙几截，石拱券山门1道（宽1.5米，厚0.6米，高2.5米），大殿残存山墙1堵，残高7米，石柱石墙2处，碑座1个。山上围墙、石阶大部分坍塌，因无人管护，遗址被杂草、灌木所掩蔽。

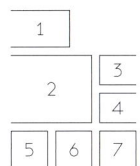

1　龙眼山寺残存石墙
2　龙眼山远眺
3　龙眼山寺残存柱础
4　龙眼山寺残存碑座
5　龙眼山寺残存寺门一侧
6　龙眼山寺残存石墙
7　龙眼山寺残存石墙

钟灵山寺遗址

钟灵山寺遗址位于安顺市平坝区羊昌乡新基村牛草坪组后面的钟灵山。地理坐标为东经106°16′56.3″、北纬26°20′18.4″，海拔1312.7米。坐东南朝西北，占地面积800余平方米。始建年代不详，根据寺庙外的和尚坟（该墓碑为咸丰五年立，墓主为寺庙临济正宗三十九世大师）碑推测年代应为明代。遗址现仅存寺院部分围墙和正殿、左右偏殿的断墙残垣、上山石径、殿前石阶、山门与寺门。从建筑的布局、料石的叠涩垒砌、石拱门的建造工艺来看，该遗址具有一定的文物价值。钟灵山下旧时有驿道（已破坏），过往商贾及行人、居民上山拜佛频繁，故寺院香火十分鼎盛。寺院围墙仅存部分，各殿基址、石拱门等均遭不同程度毁坏，保存极差。

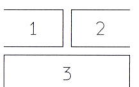

1　钟灵山寺遗址石墙
2　钟灵山寺遗址石拱门
3　钟灵山寺遗址远眺

武林寺遗址

武林寺遗址位于贵安新区党武镇党武村旧场寨。地理坐标为东经106°35′7.7″、北纬26°23′36.5″，海拔1177.8米。面积800平方米。始建于康熙十四年（1675年）。是彭氏家族祭祀祖先和先贤的场所，曾作为该地的小学教室，毁于20世纪60年代。现仅存房屋基址、石墙、雕像基座、石质三脚香炉以及清代和尚墓。

1	2
3	

1　武林寺遗址局部
2　武林寺遗址处石质三脚香炉
3　武林寺遗址全景

天竺寺遗址

天竺寺遗址位于安顺市平坝区乐平镇架布村麒麟组后山顶上。地理坐标为东经106°4′32.4″、北纬26°26′17.1″，海拔1452.5米。始建于清雍正二年（1724年），屡有修葺。寺院坐西朝东，占地面积1500余平方米，建筑面积500平方米，分上院、下院两个部分。上院有正殿、左右偏殿，乃是供奉菩萨处所；下院乃是出家人食宿处所兼库房用地，均石木结构建筑，上、下院用一石铺天井分隔。下院往前4米处有一照壁，往下即为该寺石拱券庙门，门两边均为悬崖峭壁，只有宽约1米的石径蜿蜒盘旋经三道山门方能进庙门。庙门四周乃是石砌围墙，墙上有射击孔。整座寺庙为全封闭式建筑。惜"文化大革命"期间被毁，碑碣被推倒打碎。从残碑内容可知，此庙自清咸丰年间即为地方绅士议事和商贾集中之处所。遗址现仅存庙门、部分围墙、建筑墙体、房屋石基、照壁，保存现状一般。

1 天竺寺遗址近景
2 天竺寺遗址远景

3 天竺寺遗址局部
4 天竺寺遗址局部
5 天竺寺门
6 天竺寺遗址局部
7 天竺寺门

回龙寺

回龙寺位于安顺市西秀区刘官乡北侧大寨村。地理坐标为东经106°12′44.8″、北纬26°18′19.2″，海拔1266.4米。据传回龙寺始建于明代，大清道光十四年（1834年）重建。回龙寺又叫观音阁，坐东朝西，内部为木结构，石屋基，六翘角三层阁楼，穿斗式青瓦顶，四合院。正殿为三开间，明间面阔4.4米，通进深8.4米；次间面阔3米；走廊宽2.1米。南北面有厢房，建筑曾早年被大火烧毁。

1 回龙寺局部
2 回龙寺门外石台阶
3 回龙寺大门

兴林寺

兴林寺位于安顺市西秀区七眼桥镇时家屯村中心。地理坐标为东经106°1′38.1″、北纬26°18′15.8″，海拔1402米。始建于清道光年间。坐西北朝东南。四合院式，木结构石板顶。正殿五间，面阔15米，进深7.3米，高7米。梁架歪闪，稳定性差。

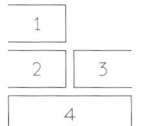

1 兴林寺北厢房
2 兴林寺石刻
3 兴林寺山门
4 兴林寺正殿

龙凤山寺遗址

龙凤山寺遗址位于安顺市平坝区城关镇谢华村龙凤山。地理坐标为东经106°14′32.8″、北纬26°23′38.9″，海拔1352.7米。始建于清代中期。坐西南朝东北，占地面积600平方米。原有大门、正殿、两厢、围墙等，建筑面积120平方米。清嘉庆年间平坝知县陈嘉祚曾镌刻"黔南第一山"摩崖石刻一方，后毁。寺庙房屋已全毁，现仅存庙基、厢房堡坎部分，围墙残长10米，残高2.5米。另有和尚坟6座。

1 龙凤山寺遗址近景
2 龙凤山寺遗址台阶与堡坎
3 龙凤山寺遗址墙体
4 龙凤山寺遗址远眺

清真寺

1 清真寺照壁
2 清真寺全景

清真寺位于安顺市平坝区城关镇城南村南街。地理坐标为东经106°15′21.3″、北纬26°24′47.3″，海拔1261.1米。是平坝回族做礼拜和念经的处所。始建于清光绪五年（1879年），光绪二十年（1894年）又增修扩建。坐西北朝东南，占地面积2000平方米。由礼拜殿、经堂、东厢房、西厢房、照壁构成。宣统二年（1910年）曾设学校于内。1985年平坝县人民政府拨款修缮，因其具有历史、艺术、科学价值，平坝县人民政府采用公告的形式将其公布为县级文物保护单位。

新修的清真寺分前、后两院，中间由一堵照壁分隔。前院有两楼一底房屋一幢，设餐厅、商店和旅社于内；后院以阿拉伯风格穹隆顶式大殿为主体，上为礼拜殿，下为储藏室、保管室、餐厅、净仪房和经学堂，皆完好。

云峰寺

云峰寺位于安顺市西秀区旧州镇苏吕村中心。地理坐标为东经106°10′46.1″、北纬26°14′51.9″，海拔1268.6米。始建于清光绪九年（1883年）。坐北朝南。原有山门、天井、正房、东厢房、西厢房。现仅存正殿及两厢，为穿斗式硬山石板顶，高5.8米，面积185平方米。正殿及两厢为二层木结构建筑，正殿大梁有题记"大清光绪癸未年冬月吉立"，正殿有四个驮峰，雕刻精美，为屯堡寺庙建筑中不可多得的木雕艺术精品。

云峰寺正殿

无量寺

无量寺位于贵安新区湖潮乡元方村西北面。地理坐标为东经106°32′18.5″、北纬26°28′9.5″，海拔1217.7米。建于清光绪年间。坐东朝西。20世纪50年代改为学校后逐渐拆除，后改为村老年活动室。三通碑刻位于寺正南面，分别是清乾隆年间的乡规民约碑、清道光五年（1825年）的晓谕碑及民国二十一年（1932年）的功德碑。立于乾隆年间的乡规民约碑，内容为禁止偷盗、乱砍滥伐等，并规定罚金，主要用于规范乡民行为。立于民国二十一年（1932年）的功德碑为捐资修建无量寺所立。功德碑为青石质，宽0.75米，厚0.1米，高1.15米，保存基本完好。乡规民约碑有修补痕迹，宽0.63米，厚0.13米，高1.4米。晓谕碑宽0.61米，厚0.1米，高1.33米。因无量寺拆除后修建老年活动室，三通碑在修建时遭到一定程度的破坏，碑刻文字基本完好，少数字迹模糊，有一定程度的风化。

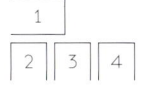

1　无量寺碑刻
2　无量寺乡规民约碑拓片
3　无量寺晓谕碑拓片
4　无量寺功德碑拓片

三教寺

三教寺位于安顺市平坝区天龙镇天龙村中街。地理坐标为东经106°9'20.6"、北纬26°21'15.6",海拔1328.6米。始建于清朝末年。坐西北朝东南,占地面积560平方米。有寺门、两厢(东、西厢房),正殿为穿斗式悬山石板青瓦顶建筑。正殿塑有释、儒、道创始人坐像等,东、西厢房为司职人员和村老年协会活动场所。天井内植有四时花木。部分屋面石板风化,室内板壁腐朽,保存一般。

1　三教寺一角
2　三教寺外景
3　三教寺周边环境
4　三教寺山门
5　三教寺大殿
6　三教寺东厢房

吉祥寺

吉祥寺位于安顺市西秀区七眼桥镇曹家屯村内球场坝北面10米处。地理坐标为东经106°3′12.2″、北纬26°17′50.7″，海拔1358.4米。始建于清代，民国二十四年（1935年）维修，1949年重修。坐北朝南，占地面积180平方米。三合院式，石木结构单檐石板顶建筑，面阔三间10米，进深7米。梁架歪闪，有垮塌现象，天井为水泥铺地。

1　吉祥寺东厢房
2　吉祥寺山门
3　吉祥寺大殿梁架

南斗青龙寺

南斗青龙寺位于安顺市西秀区蔡官镇罗大寨村中心。地理坐标为东经106°2′2.4″、北纬26°22′23.2″，海拔1459.5米。始建于清代。坐东朝西。三合院式木结构单檐悬山石板青瓦顶建筑，正殿五间，面阔14米，进深8.7米，高5米。寺庙门前5米处有3棵古银杏树。构架不稳定，用现代建筑材料加固维修，南厢房已毁。

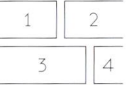

1　南斗青龙寺正门
2　南斗青龙寺石碑
3　南斗青龙寺正房
4　南斗青龙寺碑刻拓片

本寨青龙寺

本寨青龙寺位于安顺市西秀区七眼桥镇本寨村东10米。地理坐标为东经106°5′4.8″、北纬26°17′6.4″，海拔1332.4米。始建于清代，1951年被毁，2002年重新修缮正殿。坐北朝南，占地面积383.9平方米。由大雄宝殿、戏楼、两厢组成四合院。正殿五间，面阔15.8米，进深7.3米，高7米。其中戏楼为四角攒尖青瓦顶，有精美木雕。2001年6月其被评为第五批全国重点文物保护单位。整体保存较好，结构稳定，大雄宝殿重新修建。

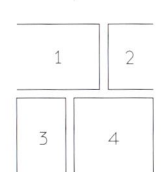

1　本寨青龙寺大雄宝殿
2　本寨青龙寺创修屯碑
3　本寨青龙寺"创修屯碑"拓片
4　本寨青龙寺全景

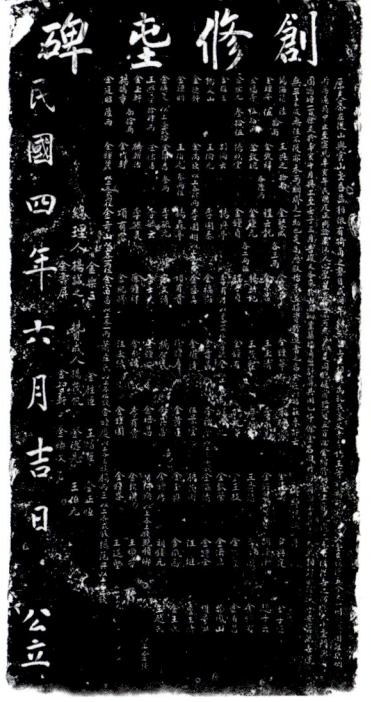

龙泉寺遗址

龙泉寺遗址位于贵安新区马场镇新院村珠潮堡自然村北面村口。地理坐标为东经106°26′18.1″、北纬26°18′14.6″，海拔1279.6米。始建年代不详。坐南朝北，占地面积1000余平方米。遗址现仅存寺墙、屋基和残碑4通。寺墙周长132.2米，西北墙面有石拱券寺门一道，宽1.95米，厚2米，外拱高2.2米，内拱高2.4米，均为大块料石叠涩垒砌。寺庙天井中有残碑4通，一通为清道光二十四年（1844年）立，一通为民国二十年（1931年）立，内容均为田产数量及地名等；另两通倒于天井中，字迹模糊无法辨认。寺墙东侧有石拱寨门一道，宽1.6米，厚2米，高3米，与寺墙相连。遗址保存完好，基础牢固，独立存在于民居之间。

1	2
3	4

1　龙泉寺遗址航拍
2　龙泉寺遗址碑刻
3　龙泉寺遗址残存寺墙
4　龙泉寺遗址山门

五显庙

五显庙位于安顺市西秀区旧州镇朵嘎村中心。地理坐标为东经106°4′44.3″、北纬26°13′32″，海拔1318米。始建于明末清初。坐西朝东。木结构单檐悬山青瓦顶建筑，平面呈长方形，正殿三间，面阔11米，进深7米，高5米，两厢已毁。石碑现被用来修成了踏步。构架不稳定，有垮塌现象，且石碑风化严重。

五显庙正立面

二郎神庙

二郎神庙位于贵安新区党武镇翁岗村（距党翁公路150米处）。地理坐标为东经106°38′0.9″、北纬26°21′54.3″，海拔1145.5米。建于咸丰元年（1851年）。由二郎神庙、观音殿及左右厢房组成，历代修缮，保存较为完好。建筑面积200余平方米。庙四周墙壁由石块砌成。观音殿和二郎神庙为穿斗式悬山青瓦顶。左右厢房为木结构石板顶。二郎神庙经历代修缮，保存较好。

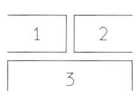

1　二郎神庙神位
2　二郎神庙瓦当
3　二郎神庙远景

财神庙

财神庙位于安顺市西秀区七眼桥镇云山村主干道北侧。地理坐标为东经106°5′0.8″、北纬26°17′35.1″，海拔1397.1米。建于清代。坐东北朝西南，占地面积152平方米。木结构单檐石板顶建筑，平面呈长方形，面阔五间，面阔19米，进深8米，高5.5米。结构稳定，油蚀脱落。

1 财神庙石碑
2 财神庙近景

清元宫

清元宫位于安顺市西秀区旧州镇东街北面。地理坐标为东经106°8′14″、北纬26°15′16″，海拔1249.1米。修建于清代。坐北朝南，有正殿和东、西两厢，正殿三开间，面阔10米，进深9.2米，东厢全长25.2米，西厢已全部改建，大门为石墙，有三个半圆门。建有两层现代建筑，中华人民共和国成立初曾是农业协会的办公地点，后曾改为浴室。自20世纪90年代闲置至今。正殿主体保存较为完整，东厢部分损毁，西厢全部砖墙改造，总体保存较差。

1 清元宫近景
2 清元宫大门
3 清元宫正面

行宫房

行宫房位于安顺市西秀区七眼桥镇二铺村中心。地理坐标为东经106°3′3.2″、北纬26°18′14.7″，海拔1371.9米。始建于明代。坐北朝南。石结构歇山青瓦顶双层建筑。面阔三间12.3米，进深10.5米，高8米。建筑稳定性较差。

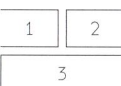

1 行宫房正立面
2 行宫房背立面
3 行宫房远景

崇文塔

崇文塔位于贵安新区马场镇平阳村平寨东北面青龙山巅。地理坐标为东经106°32′42.4″、北纬26°20′28.6″，海拔1255.3米。始建于明代，重修于清道光庚子年（1840年）。坐北朝南，占地面积50平方米。塔为八棱八面九级青石塔，层高1.1米，通高11米。塔刹如笔，高1.1米。第五层塔面横向楷书阴刻"大明文启"4字，每字30厘米×30厘米。塔基直径4米，周长16米。塔下南面立有崇文塔碑一通，立于清道光庚子年（1840年）季春谷旦，青石质，方首，宽0.8米，厚0.12米，高1.6米。碑首横向阴刻楷书"崇文塔碑"4字，每字10厘米×10厘米。碑文13行共150字，满行字数27个，介绍了建塔的目的和捐资人员姓名。

1 崇文塔近景
2 崇文塔远景
3 崇文塔远景
4 崇文塔碑刻拓片

文昌阁

文昌阁位于安顺市平坝区乐平镇乐平中心小学后山。地理坐标为东经106°7′55.6″、北纬26°25′31.9″，海拔1360.2米。始建于明崇祯十年（1637年），清道光六年（1826年）重修。坐西北朝东南，占地面积约800平方米，建筑面积280平方米（含厢房）。高15.4米，石木结构，为穿斗抬梁式四角攒尖青瓦顶三层三重檐建筑，中轴对称，榫卯连接，严丝合缝。1982年平坝县人民政府将其评为县级文物保护单位。2009年安顺市人民政府将其评为第三批市级文物保护单位。文昌阁于1934年、1990年、2008年经过三次维修，尤其是中华人民共和国成立后的两次维修都坚持"整旧如旧"原则，现阁楼主体保持原状，建筑稳定完整。

1 文昌阁俯拍
2 文昌阁远眺

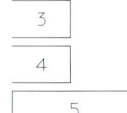

3　文昌阁山门
4　文昌阁厢房
5　文昌阁近景

摩崖石刻、碑刻

高峰山西来面壁摩崖

高峰山西来面壁摩崖

高峰山西来面壁摩崖位于贵安新区马场镇烂坝村高峰山山腰。地理坐标为东经106°24′6.7″、北纬26°22′46.4″，海拔1377.9米。坐南朝北，占地面积3500平方米。明洪武五年（1372年）于高峰山建庙，明永乐及清顺治年间扩建，清咸丰年间毁，清光绪十七年（1891年）至二十九年（1903年）重修。1943年在此创办"贵州佛学院"。原有山门、大雄宝殿、两庑、金刚楼、藏经楼、接引殿等。建筑面积1500平方米。"文化大革命"期间拆毁，后期在此地修建石油仓库时再次被损毁。20世纪90年代，在贵阳黔灵山宏福寺慧海和尚倡导下，由其徒觉锐主持在原址上先后建起山门、山门殿、大雄宝殿等建筑，重现"卍华禅院"的风采。

在高峰山遗址西北面半山腰崖壁上，有西来面壁摩崖石刻一方，坐西北朝东南，面积3.5平方米。石刻距地面8米，自然岩石平面，青石质，从右至左横向楷书阴刻"西来面壁"4字，每字70厘米×70厘米，传说乃是明建文帝到西南避难期间在此结跏趺坐时书。两侧有竖向行书阴刻对联一副，传说为清代文人周渔璜所题。1982年平坝县人民政府将其公布为县级文物保护单位。

金齿画马岩

1 金齿画马岩近景（南—北）
2 金齿画马岩远眺（南—北）

金齿画马岩位于安顺市西秀区刘官乡金齿村东2千米处。地理坐标为东经106°14′49.2″、北纬26°14′36.3″，海拔1273米。绘画于一岩厦壁上，离地面约5米，主体为一匹土红色马，头左尾右，马鬃、尾及四蹄为黑色。马头至尾长约0.5米，高0.2米。画马四足分离，作行走姿势、昂首嘶鸣状。据《贵州省志·文物志》记载，画马正上方0.5米处有"青山□水"4字，马头左上方有"徐氏住城"4个黑字。下方有黑色、红色诗句题字。画马左前0.27米处绘一黑色奔马，呈咆哮状。马尾右0.1米处有"万历□□□□"6字。据观察，此画面非一匹马，而是一组画。从款识可知，该画为明万历年间所绘。现仅剩一匹土红色马，其余画面及题字、款识均看不见。

柔远城青龙寺常住碑

柔远城青龙寺常住碑位于安顺市平坝区乐平镇乐平村西门坡梅泽元耕地中，占地面积2平方米。地理坐标为东经106°8′2.4″、北纬26°25′25.4″，海拔1372米。立碑时间为清康熙六十一年（1722年）。坐东北朝西南。青石质，圆首，宽0.84米，厚0.13米，高1.6米。碑额横向楷书阴刻"永垂千古"4字，每字10厘米×10厘米；碑左竖向楷书阴刻"柔远城青龙寺常住碑记"10字，每字6厘米×6厘米。碑文15行644字，满行47字。记述了康熙二十六年（1687年）后，"众檀越商议，城中之人民亦既□处，四方城中之庙阁不免空虚冷落，以其东西各别，不如合而一之。于是于城中择地选材捐力合修，将观音阁、五显殿、城隍庙、钟灵山并为一庙，仍名为'青龙寺'未分之前，其常住各有攸属，无烦恼赘，既合之后，其常住田总归一致，不可混而无纪，刻石详载，条分缕析。俾后之焚献斯寺者，昭然在目，按碑可考，庆总无隐无错，亦不致年久迷失云雨……"。该碑内容为研究乐平古城的历史和名称提供了相关信息，有一定的历史、科学价值。

柔远城青龙寺常住碑

小羊艾碑

小羊艾碑位于贵安新区马场镇龙山村小羊艾组寨口土丘下。地理坐标为东经106°15′20.2″、北纬26°18′23.1″，海拔1265米。碑两通：嘉庆八年（1803年）碑，青石质，方首，坐西南朝东北，宽0.56米，厚0.09米，高0.98米，占地面积0.05平方米，碑额横向楷书阴刻"碑记"2字，每字10厘米×10厘米；额下横向小楷阴刻"阳艾庄契，乡规"6字，碑文竖向楷书阴刻18行共714字，满行44字，落款为"嘉庆八年四月"。碑文模糊，难以辨认。"永垂万古"碑与前碑并列，亦为青石质，方首，坐西南朝东北，宽0.66米，厚0.13米，高1.2米。碑首横向楷书阴刻"永垂万古"4字，每字10厘米×10厘米。碑左竖向楷书阴刻"署贵州贵阳府广顺州正堂加五级纪录七次蒋为遵断勒石永垂不朽"。碑文16行共374字，满行33字，主要对乡民纳粮作出规定。落款为"道光十八年闰四月"。

1　小羊艾碑现状

2　小羊艾碑碑记
3　小羊艾碑碑记拓片
4　小羊艾"永垂万古"碑
5　小羊艾"永垂万古"碑拓片

隆兴场碑

隆兴场碑位于贵安新区党武镇党武村旧场寨（距公路200米处）。地理坐标为东经106°34′50.6″、北纬26°34′50.6″，海拔1200米。立于清嘉庆二十五年（1820年）。碑为青石质，方首，宽0.75米，厚0.1米，高1.4米。额题刻"隆兴场碑"4字，每字10厘米×10厘米。碑文楷书阴刻，19行，满行46字，共计733字。碑文记明末清初，彭氏家族来此居住，并在此开场赶集，建设庙宇，形成了浓厚的乡场文化和宗教文化。现今旧场由此而得名。

1 隆兴场碑全景
2 隆兴场碑正面

嘉禾寨碑

嘉禾寨碑位于贵安新区马场镇嘉禾村东北寨口左侧。地理坐标为东经106°25′46.7″、北纬26°22′8.9″，海拔1256米。立于清道光十四年（1834年）。坐西北朝东南，占地面积约1平方米。青石质，方首，宽0.64米，厚0.08米，高1.45米。碑文竖向小楷阴刻16行共548字，满行42字。碑文内容主要记叙明代建文皇帝因"靖难之役弃位南巡期间曾到过高峰山，嘉禾寨龙姓始祖作为随从亦到此处并遵命在山上修庙置产"。但因困难重重，抑郁难安，后遇当地一农妇结成伉俪协力合作，终将庙宇修成……立，为纪念此事，后人勒碑作记云云。碑刻距今仅180多年，但字迹却已模糊不清无法辨认，幸有村人录得原文重立新碑。

1	2
3	4

1 嘉禾寨碑远景
2 嘉禾寨碑全景
3 嘉禾寨碑近景
4 嘉禾寨碑近景

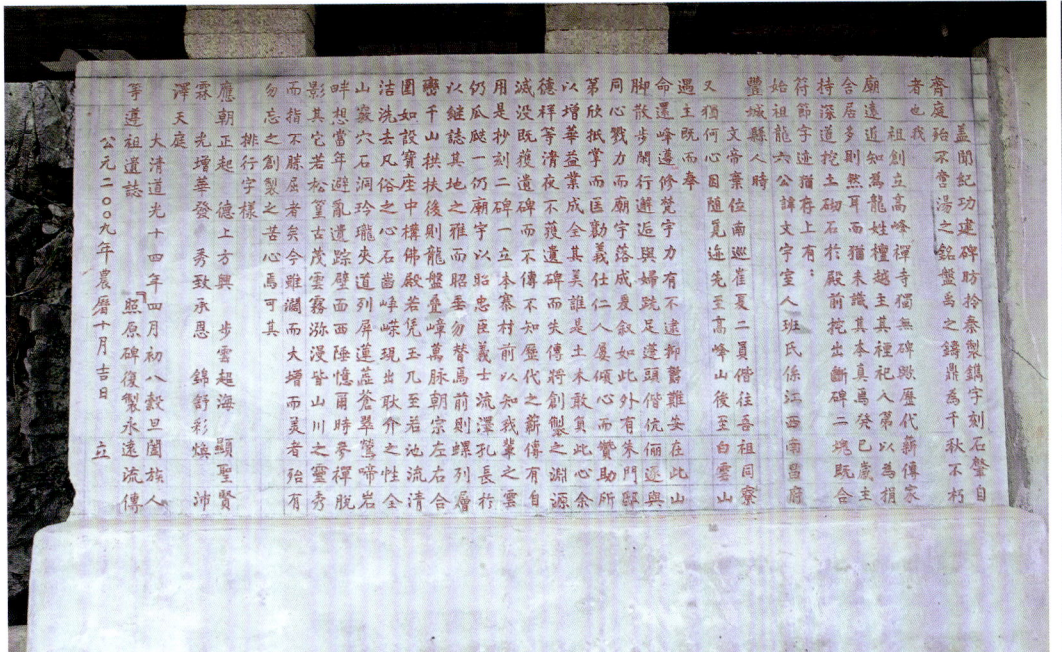

谷坝纳乡规民约碑

谷坝纳乡规民约碑位于安顺市平坝区乐平镇谷坝纳村上寨组寨口右侧。地理坐标为东经106°7′37.5″、北纬26°25′59.2″，海拔1454米。坐西朝东，占地面积0.06平方米。碑宽0.6米，厚0.1米，高1.16米，青石质，方首（碑帽于"文化大革命"期间损毁）。碑额横向楷书阴刻"镇宁州正堂汪示"7字。碑文竖向小楷阴刻，共13行194字，满行23字，内容为严禁匪徒，以靖地方事，镇宁州官府应生民梅汝英等恳请出告示晓谕谷坝纳寨民中之不法之人，严禁与流匪勾结为害乡里，违者送官究治，并订立乡规民约勒碑为记。立碑时间为清道光二十三年（1843年）。该碑内容可为研究当地的社会治安提供实物资料，书法也有一定的艺术价值。20世纪80年代末90年代初拐卖妇女活动猖獗，寨中有识之士曾捐资立碑，将新的乡规民约勒碑为记，立于清代乡规碑旁边。

谷坝纳乡规民约碑

泰来乡规民约碑

泰来乡规民约碑位于贵安新区党武镇下坝村。地理坐标为东经106°36′7.9″、北纬26°23′26.8″，海拔1160米。立于清道光二十四年（1844年）。青石质，方首，宽0.66米，厚0.07米，高1.5米。额题"永遵州示"4字，每字7厘米×7厘米。碑文楷书阴刻，14行，满行35字，共计400字。记下坝村（时为泰来村）据广顺州告示所制定之乡规民约。碑底已残损，碑文仅能识别几个字，保存极差。

1 泰来乡规民约碑近景
2 泰来乡规民约全景

坤山告示碑

坤山告示碑位于贵安新区马场镇平寨村坤山组小河边，地理坐标为东经106°26′51.5″、北纬26°22′9.2″，海拔1256米。坐东南朝西北，占地面积0.07平方米。青石质，方首，宽0.52米，厚0.13米，高0.95米。碑首横向楷书阴刻"告示"2字，每字8厘米×8厘米。碑左竖向楷书阴刻"特授镇宁州正堂加五级纪录七次"，碑文3行共34字，内容为"绅耆民苗人等禀请私行拆坝一案奉，批准勒石永远禁止"。碑右落款为"道光二十四年（1844年）七月日示立"。此碑书法上乘，具有一定文物价值。

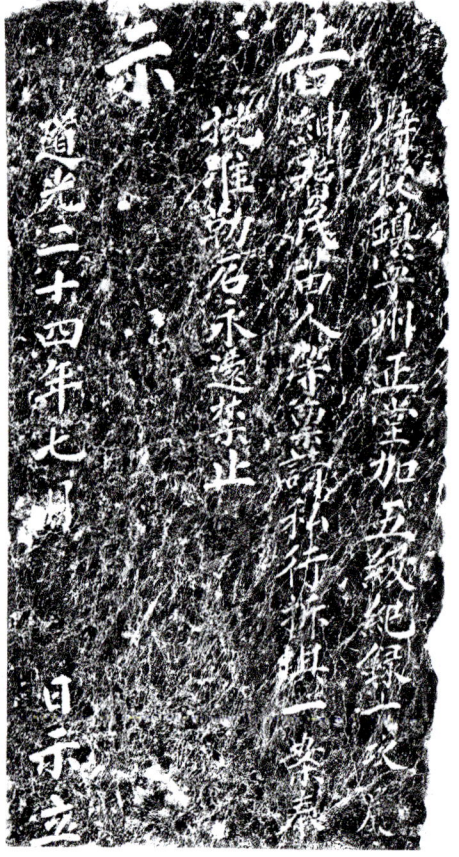

1. 坤山告示碑与二通现代碑
2. 坤山告示碑全景
3. 坤山告示碑近景
4. 坤山告示碑拓片

晓谕碑

晓谕碑位于贵安新区党武镇茅草村南200米。地理坐标为东经106°33′26.8″、北纬26°23′34.4″，海拔1206米。立于清道光二十七年（1847年）。白棉石质，方首，方座，宽0.8米，厚0.1米，高1.5米。首题"奉府示谕"4字，每字10厘米×10厘米。碑文楷书阴刻，10行，满行25字，共计200余字。记贵阳府判决李姓农民盗卖本族20亩土地事。该碑因长期风化及人为破坏，已断为3截，保存差，但碑文能完全识别。

1 晓谕碑局部
2 晓谕碑全景

龚氏诰封碑

龚氏诰封碑位于贵安新区高峰镇王家院村青鱼塘东面，距滇黔公路北侧150米。地理坐标为东经106°23′16.2″、北纬26°24′0.7″，海拔1230米。坐东北朝西南。青石质，方首抹角，宽1.1米，厚0.23米，通高3.6米。碑首高1米，镂空雕刻"二龙抢宝"图，手法精湛。碑身高2.6米，碑文记皇帝追赠龚寿昌夫妇事，楷书阴刻，共11行，满行33字，计247字，每字5厘米×5厘米，题刻者不详。碑右竖向阴刻"道光三十年四月十三日"。碑底座为青石赑屃状，长1.7米，宽1.15米，厚0.23米。碑前南侧数米处有南至北墓表基座两个，近正方体，青石垒砌，边长0.78米，高0.7米。墓表为四棱四面长方体石柱两根，原长0.8米，宽0.3米，高4.22米，顶端各踞一石狮。现基座尚完好，墓表被推倒断为几截，石狮已无踪影。

1	2

1 龚氏诰封碑拓片
2 龚氏诰封碑近景

翁岗乡规民约碑

翁岗乡规民约碑位于贵安新区党武镇翁岗村翁岗河北侧100米处。地理坐标为东经106°37′56.9″、北纬26°21′44.8″，海拔1127米。立于清咸丰十一年（1861年）。方首，宽0.5米，厚0.08米，高0.94米。额题"永垂不朽"4字。碑文主要内容是禁止放火烧山、用药毒鱼、打鱼，并有相关的奖惩规定。

1 翁岗乡规民约碑近景
2 翁岗乡规民约碑全景

玉磷山碑记摩崖

玉磷山碑记摩崖位于安顺市平坝区齐伯镇齐伯村西北1000米处玉磷山峻石庙崖壁上。地理坐标为东经106°10′7.4″、北纬26°34′14.6″，海拔1307米。距地面斜坡0.7米，面积1.98平方米，宽1.1米，高1.8米。首端横向楷书阴刻"玉磷山碑记"5字，每字7厘米×7厘米。竖向楷书阴刻碑文25行共848字，满行34字。内容主要讲玉磷山地处偏僻，虽山势峻峭、景色秀丽，但因未遇知音而湮没千百年，后得到当地智者蔡玉翁慧眼识珠，邀同邑有识之士"相与斩荆棘，锄基址，转木石，营构于其巅，称佳寺焉"，"是刹创于前人也，历几拮据而后成，使继起无人则前功易废，又其土、田皆星散，其界止圻段，恐渐久而不可识也，愿勒石以垂之久远"。峻石庙位于织金、清镇、平坝之交界处，旧时香火鼎盛，惜毁于20世纪50年代。摩崖石刻字迹清楚，基础牢固，但其中一行被人为铲平。

1 玉磷山碑记摩崖近景
2 玉磷山碑记摩崖现状
3 玉磷山远眺

镇妖石幡

镇妖石幡位于贵安新区马场镇三台村东南400余米龙潭水泵房南侧1.7米处。地理坐标为东经106°10′7.4″、北纬26°34′14.6″，海拔1307米。始建年代不详。占地面积1平方米。整石打制，六棱六面。宽0.08米，厚0.55米，高2.1米。各面分别竖向楷书阴刻："南无阿弥陀如来、南无多宝如来、南无沙色深如来、南无甘露王如来、南无宝胜如来、南无广布施如来"，其中一面文字下方还阴刻佛家符号。石幡根部四周有香火痕迹。据村人介绍，旧时每逢雨季龙潭发大水，会将龙潭坎上路面淹没，往往有路人被冲走淹死。村人认为是水妖作怪，有水鬼"找替身"，故而请佛教徒作法念经并立镇妖石幡一通于此，希冀菩萨保佑路人平安。

1 镇妖石幡现状
2 镇妖石幡西北面
3 镇妖石幡南面
4 镇妖石幡刻文拓片
5 镇妖石幡刻文拓片

营盘

新寨营盘遗址

新寨营盘遗址位于贵安新区湖潮乡新民村西。地理坐标为东经106°29′16.9″、北纬26°28′19″，海拔1310米。始建于明隆庆二年（1568年），天启七年（1627年）韦姓布依族村民扩建。占地面积2826平方米，营盘呈椭圆形，有正门、后门、侧门，现存石墙180米，基宽1.3米，高0.4~3米。石墙部分完整，正门、后门残损，侧门保存完整，一座电力部门的高压输变电塔建于其内，破坏了文物景观。

1　新寨营盘遗址局部残存城墙
2　新寨营盘遗址正门
3　新寨营盘遗址内部残存屋基
4　新寨营盘遗址远景

党武营盘遗址

党武营盘遗址位于贵安新区党武镇党武村后山顶。地理坐标为东经106°35′40.4″、北纬26°23′19.3″，海拔1224米。始建于清初，咸丰、同治年间维修使用过。以青石砌筑，平面呈不规则椭圆形，面积9000平方米。周长370余米，设南北二门。现存石墙300余米，基宽2米，高3～5米。

1 党武营盘遗址局部
2 党武营盘遗址远景

下坝营盘遗址

下坝营盘遗址位于贵安新区湖潮乡下坝村南下坝山上。地理坐标为东经106°31′3.6″、北纬26°28′17.6″，海拔1268米。营盘始建于清初，咸丰、同治年间维修使用过。平面呈椭圆形，面积1937平方米，现存一入口。现存石墙160米，基宽1.45米，高0.15～1.9米。

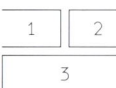

1　下坝营盘遗址残存城墙
2　下坝营盘遗址残存屋基
3　下坝营盘遗址远景

广兴营盘遗址

广兴营盘遗址位于贵安新区湖潮乡广兴村西。地理坐标为东经106°30′35″、北纬26°25′0.7″，海拔1251米。始建于清初，咸丰、同治年间维修使用过。以青石砌筑，平面呈椭圆形，面积1347.45平方米。该营盘基本被毁，现存石墙约60米，基宽1.7米，高0.4~2.5米，较完整石墙一段约10米。石墙基本坍塌，原有大门荡然无存，石墙被挪作他用。

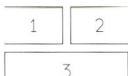

1　广兴营盘遗址南城门
2　广兴营盘遗址残存城墙
3　广兴营盘遗址远景

芦官营盘遗址

芦官营盘遗址位于贵安新区湖潮乡芦官村西500米的塔山坡。地理坐标为东经106°29′3.8″、北纬26°28′2.7″，海拔1328米。始建于清初，咸丰、同治年间维修使用过。石砌筑，平面呈椭圆形，面积1178平方米。基本被毁，现仅存大门，宽1.4米，厚1.2米，高5.8米。遗址现作为中国移动公司机站用地，人为破坏严重。原残存石墙基本坍塌和被作为建筑材料挪作他用。

1 芦官营盘遗址残存南城门
2 芦官营盘遗址远景

思丫营盘遗址

思丫营盘遗址位于贵安新区党武镇思丫村西北100米山岗上。地理坐标为东经106°37′29.4″、北纬26°23′44.6″，海拔1207米。建于清初，清咸丰、同治年间维修使用过。以青石砌筑，平面呈椭圆形，现存石墙160米，基宽1.5～2米，高1～5米。营盘内有房屋遗址16处。有两条通往营盘的石阶梯。

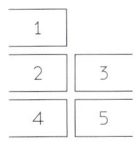

1 思丫营盘遗址近景
2 思丫营盘遗址残墙
3 思丫营盘遗址局部
4 思丫营盘遗址全景
5 思丫营盘遗址西门

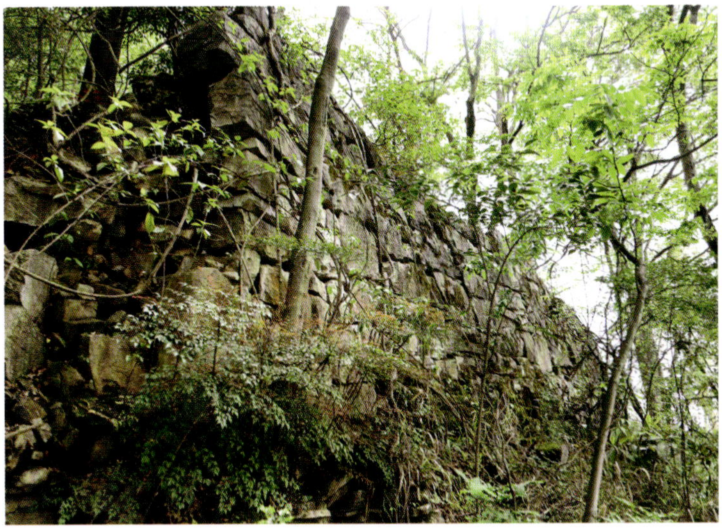

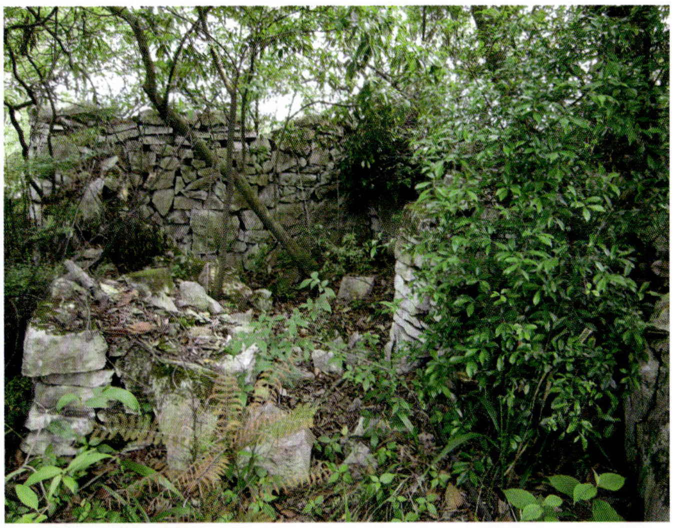

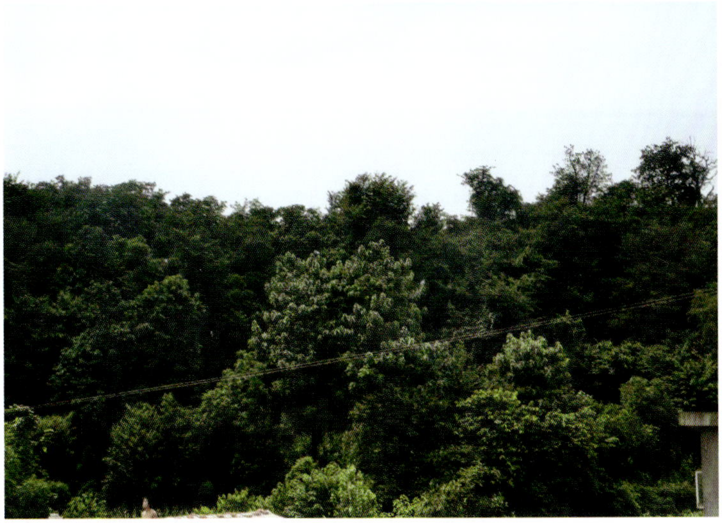

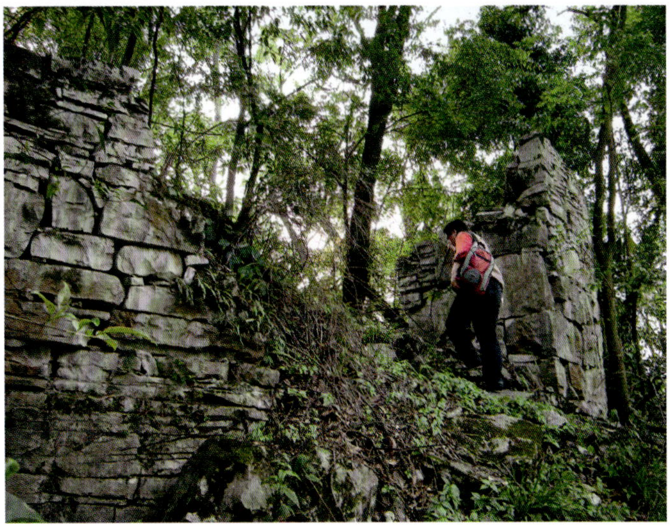

汪官营盘遗址

汪官营盘遗址位于贵安新区湖潮乡汪官村木脚坡北面。地理坐标为东经106°29′8.7″、北纬26°27′17.9″，海拔1308米。始建于清嘉庆年间，咸丰、同治年间维修使用过。青石砌筑，平面呈椭圆形，面积1500平方米。现存石墙120米，基宽1.3米，高2.2～5.8米。破坏严重，杂草丛生，原貌几乎全无，石墙无人维护，坍塌、损毁严重。

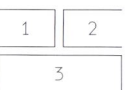

1 汪官营盘遗址城墙
2 汪官营盘遗址残存屋基
3 汪官营盘遗址远景

车田营盘遗址

车田营盘遗址位于贵安新区湖潮乡车田村车田河南岸山顶上。地理坐标为东经106°32′32.6″、北纬26°26′22.2″，海拔1223米。始建于清代中期，咸丰、同治年间维修使用过。以青石砌筑，平面呈椭圆形，面积1108.2平方米。现存石墙118米，石墙最高约2.3、厚1.4米，最矮0.74、厚1.7米。原有大门已不在。现无人使用，部分石墙已垮塌。

1 车田营盘遗址远景
2 车田营盘遗址航拍图

3　车田营盘遗址局部
4　车田营盘遗址局部
5　车田营盘遗址残墙

葵林营盘遗址

葵林营盘遗址位于贵安新区党武镇葵林村西约100米处的骆驼山上。地理坐标为东经106°35′5.9″、北纬26°23′6.7″，海拔1266米。始建于清代中期，咸丰、同治年间维修使用过。以青石砌筑，平面呈椭圆形，面积6400余平方米。现存石墙320米，基宽2米，高3～5米。

1 葵林营盘遗址局部
2 葵林营盘遗址远景

翁岗营盘遗址

翁岗营盘遗址位于贵安新区党武镇翁岗村大寨后山，有石砌小道蜿蜒而上。地理坐标为东经106°37′29.4″、北纬26°21′50.3″，海拔1265米。始建于清代中期，清咸丰、同治年间维修使用过。以青石砌成，平面呈椭圆形，面积5500平方米。现存石墙450米，基宽1~2米，高1~5米。营盘内有24处石砌房屋遗址。

1　翁岗营盘遗址围墙
2　翁岗营盘遗址全景

3 翁岗营盘遗址北门石城墙
4 翁岗营盘遗址远景

摆头山营盘遗址

摆头山营盘遗址位于贵安新区党武镇摆牛村东北700米摆头山。地理坐标为东经106°36′43.8″、北纬26°22′18″，海拔1305米。贵阳市花溪区文物保护单位。建于清道光年间。以青石砌筑，东西向狭长形分布，东西长230米，南北宽50米，周长500余米，基宽4～7米，高8～20米。设东、西二门。今存房屋遗址近百处、寺庙遗址1处、储水池1个。光绪年间碑记4通，其中3通碑镶嵌在寺庙墙角。

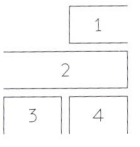

1　摆头山营盘遗址古井
2　摆头山营盘遗址远景
3　摆头山营盘遗址石门
4　摆头山营盘遗址全景

5　摆头山营盘遗址碑刻拓片
6　摆头山营盘遗址碑刻拓片

茅草营盘遗址

茅草营盘遗址位于贵安新区党武镇茅草村，距离公路200米处。地理坐标为东经106°33′34″、北纬26°23′55″，海拔1254米。建于清代咸丰、同治年间。以青石砌筑，平面呈椭圆形，面积1800余平方米。现存石墙140米，基宽1.5～2米，高1～5米。遗址中心处建有六角形四层石塔一座，占地面积64平方米。石塔残高3.7米，保存一般。

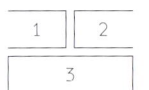

1 茅草营盘遗址航拍图
2 茅草营盘遗址远景
3 茅草营盘遗址近景

4 茅草营盘遗址石塔俯视图
5 茅草营盘遗址石塔近景

元方营盘遗址

元方营盘遗址位于贵安新区湖潮乡元方村南。地理坐标为东经106°32′21.5″、北纬26°28′3.8″，海拔1232米。建于清咸丰、同治年间。以青石砌筑，平面呈椭圆形，面积1380平方米。现存石墙160米，基宽1.1米，高0.7～2.5米。元方营盘已作为农民阮起国宅基地，遗址中心建有房屋、猪圈，四周开垦为菜地，处于无人维护状况，风化、坍塌，损毁严重。

1　元方营盘遗址残墙
2　元方营盘遗址远景

摆寡营盘遗址

摆寡营盘遗址位于贵安新区党武镇龙塘村东南500米。地理坐标为东经106°37′23.3″、北纬26°28′12.3″，海拔1210米。建于清咸丰、同治年间。以青石砌筑，平面呈不规则椭圆形，面积2800余平方米。现存石墙180余米，基宽1.5米，高2～4米。营盘内现建有通讯塔，也有人建坟墓，同时还有开采石材的现象。

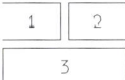

1　摆寡营盘遗址南门
2　摆寡营盘遗址北门
3　摆寡营盘遗址全貌

龙井营盘遗址

龙井营盘遗址位于贵安新区党武镇龙塘村龙井寨。地理坐标为东经106°58′32.5″、北纬26°36′18.4″，海拔1212米。建于清咸丰、同治年间。以青石砌筑，平面呈椭圆形，面积700余平方米。现存石墙120米，基宽1.5米，高2～5米。

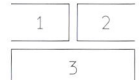

1 龙井营盘遗址局部
2 龙井营盘遗址局部
3 龙井营盘遗址全景

革里场营盘遗址

革里场营盘遗址位于贵安新区党武镇党武村革里场西北。地理坐标为东经106°35′2.3″、北纬26°23′57.3″，海拔1219米。建于清咸丰、同治年间。以青石砌筑，平面呈椭圆形，面积1600余平方米。现存石墙140余米，基宽3米，高1~5米。

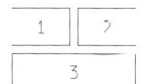

1 革里场营盘遗址局部屋基
2 革甲场营盘遗址外墙
3 革里场营盘遗址远景

摆门营盘遗址

摆门营盘遗址位于贵安新区党武镇摆门村南300米。地理坐标为东经106°35′54.1″、北纬26°24′39.9″，海拔1232米。建于清咸丰、同治年间。以青石砌筑，平面呈椭圆形，面积13270余平方米。现存石墙220米，基宽1～3米，高1～4米。新修高速公路对遗址破坏严重。

1	2
3	4

1 摆门营盘遗址局部
2 摆门营盘遗址全景
3 摆门营盘遗址东门
4 摆门营盘遗址现状

大坝井营盘遗址

大坝井营盘遗址位于贵安新区党武镇大坝井村。地理坐标为东经106°37′6.6″、北纬26°24′39.9″，海拔1223米。建于清咸丰、同治年间。以青石砌筑，平面呈椭圆形，面积1590余平方米。现存石墙153米，基宽1米，高1～4米。设门两座。营盘内尚有房址21处。

1	
	2

1　大坝井营盘遗址东门
2　大坝井营盘遗址近景

小屯脚营盘遗址

小屯脚营盘遗址位于安顺市西秀区旧州镇龙潭村西北2千米处一独立的山峰顶。地理坐标为东经106°7′29.5″、北纬26°13′42.3″，海拔1400米。始建于清代。以加工的料石垒砌城墙，现残存墙垣厚2.2米，高4.6～10米，占地面积约1000平方米。营盘开有两个方形门，一个朝向东南，一个朝向西北，有观察孔和射击孔，保存完整。

1 小屯脚营盘遗址残墙上的射击孔
2 小屯脚营盘遗址残墙
3 小屯脚营盘遗址远景

晓礼山营盘遗址

晓礼山营盘遗址位于安顺市大西桥镇新寨村晓礼山上。地理坐标为东经106°7′53.2″、北纬26°19′1.5″，海拔1313米。始建于清代。现存屯墙三圈，每圈屯墙绕山一周，长上千余米，由方石块砌成，每层屯墙均有屯门。山顶建有庙宇，于2005年重修，整座营盘呈圆丘形，总占地面积几万平方米。屯墙部分垮塌，墙基稳定。中国南方电网有限责任公司在遗址上建有钢架。

1 晓礼山营盘遗址全景
2 晓礼山营盘遗址远眺
3 晓礼山营盘遗址俯视

木叶屯营盘遗址

木叶屯营盘遗址位于安顺市西秀区旧州镇木叶村东北500米屯山上。地理坐标为东经106°5′36.1″、北纬26°13′0.8″，海拔1368米。建于清代。以青石砌筑，平面呈椭圆形，占地面积4500平方米。现存石墙200米，基宽1米，高0.6~4.6米。

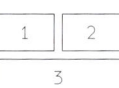

1 木叶屯营盘遗址残墙
2 木叶屯营盘遗址残墙
3 木叶屯营盘遗址远景

岩上营盘遗址

岩上营盘遗址位于安顺市平坝区天龙镇雷家硐村岩上组营盘坡西北白米处。地理坐标为东经106°7′17.5″、北纬26°25′2.2″，海拔1454米。始建年代不详，传说为"吴王剿水西"时期所建。营盘呈不规则椭圆形，占地面积3000余平方米。现遗址中心长满杂草、刺蓬和灌木丛，四周除北面为悬崖峭壁，东、西、南三面均有围墙。石砌围墙残长135米，宽1米，残高1.5米至3米余。每间隔2.5米左右就有一石砌方孔，估计是用于观察或射击。入口石门原设于东北之险要处，已垮塌。

1　岩上营盘遗址垣墙顶部
2　岩上营盘遗址垣墙正面

屯军山遗址

屯军山遗址位于安顺市西秀区大西桥镇吉昌村西面，距天龙屯堡景区2千米。地理坐标为东经106°10′25.4″、北纬26°20′12.2″，海拔1494米。该遗址为明代军事防御设施。由一条周长1千米多的城墙包围，有建筑158间，建筑面积约8000平方米，占地面积30余亩。城墙由外墙和内走道组成，外墙上有垛口、观察窗、射击口。内走道则是沿着城墙依势而建的石阶梯。城墙有两道石门，门框墙体结构严实，显示出壁垒森严的防卫态势。该遗址清理出盔甲及大量陶、瓷碎片。该遗址由城墙建筑遗址组成，保存完好。现由吉昌村村委会组织专门人员进行保护。

1	2
3	

1 屯军山遗址远景
2 屯军山遗址建筑遗址
3 屯军山遗址远眺

夷 夏 并 流　　◆　323　◆

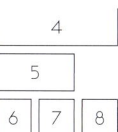

4　屯军山遗址全景
5　屯军山遗址残墙
6　屯军山遗址出土瓷器残片
7　屯军山遗址出土盔甲残片
8　屯军山遗址出土瓷器

海螺屯遗址

1 海螺屯遗址周边环境
2 海螺屯遗址全景

海螺屯遗址位于安顺市平坝区白云镇高寨村东北200余米的海螺山上。地理坐标为东经106°9′19.7″、北纬26°19′19.7″，海拔1383.8米。始建于清道光十一年（1831年）。占地面积2300余平方米。山高88.5米，接近山顶处有该村大姓之一的邹姓为防匪患修建的海螺屯一座。屯墙有三重，每重屯墙均设屯门。第一屯门宽1米余，高2.5米。残存屯墙厚约0.8米，高5米余。均为料石垒砌。墙间有宽1米余的过道，墙上端均有垛口以便"躲匪"村民观察瞭望及射击。第一屯墙长50余米，相接处乃是悬崖峭壁，第二屯墙残存30余米，第三屯墙周长60余米，保存较为完整。山顶平地500余平方米，可容千人左右。因此，该屯因难攻且山下水源充足，故历次匪患均未攻破。

夷夏并流

3 海螺屯遗址局部
4 海螺屯遗址屯墙
5 海螺屯遗址屯墙
6 海螺屯遗址屯墙观察与射击孔
7 海螺屯遗址屯墙屯门

洞屯

上寨躲匪洞遗址

上寨躲匪洞遗址位于贵安新区湖潮乡车田村上寨组徐家坝三岔河东岸屯上半山腰。地理坐标为东经106°32′55.8″、北纬26°26′44.2″，海拔1205.1米。始建于清代中期，咸丰、同治年间维修使用过。坐东朝西，分为主洞、南洞、北洞。洞前有长23.5、厚1、高2.8米的石墙将主洞与北洞连成一体，墙上有射击孔12个。洞口处墙上有一门道，宽1.25米，高1.75米。墙内有一台阶通向主洞、南洞。北洞岩画部分模糊，各处石墙都有不同程度损坏。

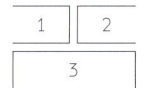

1 上寨躲匪洞遗址北洞口
2 上寨躲匪洞遗址南洞口石垒墙
3 上寨躲匪洞遗址远景

上寨仙人洞遗址

上寨仙人洞遗址位于贵安新区湖潮乡车田村上寨组三岔河西岸。地理坐标为东经106°32′51.2″、北纬26°26′36.3″，海拔1209.2米。始建于清代中期，咸丰、同治年间维修使用过。洞口砌有长13.8、厚2.6、高5米的石墙。墙体靠近北部有宽1.3、高1.6米的门道，洞宽13.8米，高8米，深25米。墙体部分坍塌。

1 上寨仙人洞遗址洞口
2 上寨仙人洞遗址远景

下车田仙人洞遗址

　　下车田仙人洞遗址位于贵安新区湖潮乡车田村下车田组大月亮坡坡脚,北邻三岔河。地理坐标为东经106°32′54.3″、北纬26°26′23.8″,海拔1191.6米。始建于清代中期,咸丰、同治年间维修使用过。洞口坐南朝北,洞口有长3、厚3、高1.5米的石墙。墙体中部有一门道,宽0.7米,高0.8米。洞宽6米,高4米,深12米。洞口石墙部分倒塌。

1 下车田仙人洞遗址全景
2 下车田仙人洞遗址洞内局部
3 下车田仙人洞遗址远景

西陇大洞遗址

西陇大洞遗址位于安顺市西秀区大西桥镇西陇村后山大洞山脚。地理坐标为东经106°6′13.9″、北纬26°18′49.2″，海拔1330.1米。洞口向东，宽约8米，高约30米，深1500米。进洞过四孔桥，桥下有阴河，过桥后再入一重洞门就是大厅，长80米，宽70米，高35米。当年"躲匪"，人们在洞内砌的石灶、石柜、石墙犹存。洞内残存的石墙、石梯被当地居民破坏较大。

1 西陇大洞遗址洞口
2 西陇大洞遗址局部
3 西陇大洞遗址远景
4 西陇大洞遗址残墙

大院上洞屯墙遗址

大院上洞屯墙遗址位于安顺市平坝区十字乡大院村西北面500米处屯坡半山。地理坐标为东经106°13′2.3″、北纬26°27′38.3″，海拔1332.8米。始建于清代。洞为西南—东北向，占地面积约2000平方米，主要用于"躲匪"。洞口高4.7米，用料石叠涩垒砌宽5.6、厚0.7、高4.4米的围墙，对洞口作全封闭式围护，墙上方有5个大小不一的长方形孔洞。洞内最宽处有20余米，深100米未尽，深约15米处有下洞，下洞深处有阴河。洞口内高2.7米处用长方形条石铺成平台，人站在平台上可观察洞外情况，抵御来犯之敌。围墙西北侧有一长方形石门，供"躲匪"乡民出入。洞内二层平台、观察射击孔、围墙保存完整，基础牢固。

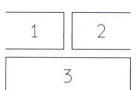

1 大院上洞屯墙遗址内墙
2 大院上洞屯墙遗址现状
3 大院上洞屯墙遗址远景

高硐坡洞屯遗址

高硐坡洞屯遗址位于贵安新区马场镇林卡村烂坝寨西北百米处高硐坡。地理坐标为东经106°31′11.7″、北纬26°19′40.3″，海拔1324.7米。始建于清末，民国时期沿用。洞为西南—东北向，占地面积400余平方米。据说为躲土匪而建。喀斯特溶洞，洞口最宽处4.3米，高6米，深百米未尽，有出口通山顶。洞口有料石叠涩垒砌石墙一堵，宽4.3米，厚1.8米，高6米。石墙往上3.6米处有两个方形观察瞭望孔，站在石墙中部的石铺平台上通过观察孔，可将山脚及远处的情况看清楚。石铺平台下有宽0.95、高1.5米的石门一道，专供"躲匪"乡民出入。保存较好，基础牢固。

1 高硐坡洞屯遗址远景
2 高硐坡洞屯遗址内墙
3 高硐坡洞屯遗址洞口屯墙

大花洞洞屯遗址

大花洞洞屯遗址位于贵安新区马场镇鱼雅村西北面约500米处人人山下。地理坐标为东经106°29′0.6″、北纬26°18′24.7″，海拔1289.1米。始建年代为清代，具体年代不详（估计为咸丰、同治年间），据村民介绍乃老辈人为躲"黑苗贼"和"长毛贼"而修。洞为西北—东南向，占地面积200余米。洞口宽10米，高6米，深20米未尽。洞口用料石叠涩垒砌围墙封闭，上部设有观察孔和射击孔。下部中间有石拱门一道，拱宽1.1米，厚1.15米，高1.8米，门墙外层为土砖、内层为石块。围墙宽10米，厚1.25米，高6米，门高2.2米处有16平方米石砌平台，沿洞左上9级石阶可到平台观察、射击。距大洞东面约50米处有岩厦1处，深2米，面积10平方米。口沿砌有宽4、厚0.7、高4.2米的石门。保存得很好，基础牢固，所有建筑设施皆完整。

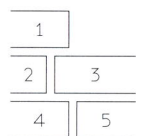

1 大花洞洞屯遗址内墙
2 大花洞洞屯遗址洞口
3 大花洞洞屯遗址全景
4 大花洞洞屯遗址屯墙
5 大花洞洞屯遗址附属堡垒

古道

旧州西门古道

旧州西门古道位于安顺市西秀区旧州镇西门外简家坟处。简家坟旁处地理坐标为东经106°7′54.8″、北纬26°15′16.4″，海拔1270.4米。元代修建，旧州通往安顺的必经之路，现存古道起始于旧州老城西门简家墓到西面大路交叉处，完好路段全长318米，路宽1.8米，路面均铺有青石块。东南—西北走向。现作为村民便道使用，古道两旁被田地占用，最宽处仅2米。

1 旧州西门古道现状
2 旧州西门古道局部

龙井古道

龙井古道位于贵阳市清镇市红枫湖镇龙井村村委西3千米处。古道起点处地理坐标为东经106°20′26.5″、北纬26°27′49.8″，海拔1256米。该古道始于明代。为青石铺成，清晰可见，结构较为明显和完整，古道两边山势顺延，形成东西走向。古道长200米，宽3米，面积为600平方米。龙井古道为黑泥哨古道的一段，黑泥哨古道东起贵阳，西达平坝，西北通鸭池河，距今610多年，龙井古道即为黑泥哨古道延伸至平坝之一段。古道路面为沙土铺盖，部分路面已损。

1 龙井古道路面
2 龙井古道现状

詹家屯古道

詹家屯古道位于安顺市西秀区旧州镇詹家屯村，距村口水泥路50米处。东南方向古道中段距水泥路100米处地理坐标为东经106°8′52.9″、北纬26°13′56.3″，海拔1294.5米。始建于明代。为黔滇古道中段，从詹家屯至平坝，东南向西北，途径高车、苏吕、南翠、平寨、蚱陇、肖家庄等地，全长25千米，现保存较好的詹家屯至高车一段，长2千米，宽2米，青石块铺墁。

1
2

1　詹家屯古道青石路面
2　詹家屯古道远景

二铺古道

二铺古道位于安顺市西秀区七眼桥镇二铺村中心。残存古道西南端1米平地处地理坐标为东经106°3′0.2″、北纬26°18′14.2″，海拔1363.5米。始建于明代。为滇黔古道中一段，东西走向，石板砂石铺墁，呈曲线形，现残存长150米，宽4米，仍作为村中重要通道使用。

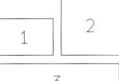

1 二铺古道一角
2 二铺古道全景
3 二铺古道铺台

沙锅古道

沙锅古道位于安顺市西秀区七眼桥镇沙锅寨村中心。古道单孔石桥桥面坡地处地理坐标为东经106°3′11.8″、北纬26°16′28.9″，海拔1335.7米。始建于明代。东西走向，古道路线为安顺—七眼桥—旧州—广顺，现残存2千米，宽1.6米，呈曲线形。残存古道西端有三个单孔石桥，单孔跨2米，矢高1米，横跨挑水河。现存古道毛石铺面，构架较稳定，仍在使用中。

1 沙锅古道上的小桥
2 沙锅古道保存较好的一段古道
3 沙锅古道局部

望城坡古道

望城坡古道位于安顺市平坝区夏云镇界首村至平坝城关林场段。残存古道西南面257米处平地地理坐标为东经106°17′8.2″、北纬26°26′39.7″，海拔1334.9米。始建于明初。乃明、清时期滇黔古道残存段，占地面积459平方米。路面残宽2～3.5米，青石铺墁。2001年调查时尚存2.5千米，现唯存"金鸡大关"段，残长170余米。2001年平坝县人民政府将其公布为第二批县级文物保护单位。古道遗址残存段石块之间杂草丛生，泥土掩蔽。

1　望城坡古道近景
2　望城坡古道远景

夷 夏 并 流

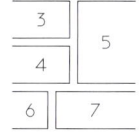

3 望城坡古道毁损状况
4 望城坡古道毁损状况
5 望城坡古道毁损状况
6 望城坡古道局部路段
7 望城坡古道局部路段

驼背关古道

驼背关古道位于安顺市平坝区夏云镇金银村王家院组王家冲至驼背关，驼背关最高处为山神庙前。地理坐标为东经106°16′58.1″、北纬26°24′44.9″，海拔1367.5米。始建于明代，清代重修。东南—西北向，青石铺墁，残长2200米，残宽1.5~1.8米，石面上马蹄印痕依稀可辨。明、清至民国时期使用频率高。王家冲有乾隆三十五年（1770年）古道重修碑一通，现放于王家冲村北水沟边。

1	2
3	4

1 驼背关古道现状
2 驼背关古道重修石碑
3 驼背关古道局部
4 驼背关古道重修石碑拓片

夷夏并流

5	6
	7

5　驼背关古道局部
6　驼背关古道局部
7　驼背关古道局部

大转弯古道

大转弯古道位于安顺市平坝区乐平镇岩上村岩上组东北面村口至黄茅渡口。渡口上方100米拐弯斜坡处地理坐标为东经106°3′9.2″、北纬26°27′33.2″，海拔1140.2米。始于明代。古道残长约1.5千米，最宽处3米，最窄处2米。上抵岩上村口，下抵与织金交界的斯拉河（思腊河）黄茅渡口。此段古道地形为陡坡，古道上大多以石条竖立为坎，坎与坎之间铺青石块，这些石坎子当地人称"拦马石"。此道乃平坝通往织金的交通要道之一，清初吴三桂率军往织金剿水西曾由此经过，故当地人对"吴王剿水西"事略耳熟能详。岩上村南有"苗坟坡"，据说乃当年战死之彝人的葬所。古道坡脚至坡顶为石阶状，石块砌筑。有几处拐弯处石块松动崩塌，所铺石块亦有破碎，保存程度较差。

1 大转弯古道局部
2 大转弯古道局部
3 大转弯古道局部
4 大转弯古道局部

大狗场古道

大狗场古道位于贵安新区高峰镇大狗场村狗场组东南"大陇关"段。大狗场组西南路口平地路东3米处竹林地理坐标为东经106°23′48″、北纬26°20′30.5″，海拔1225.13米。始建于明代，清代屡有维修。青石铺墁，残长2000米，残宽1.5～2米。该道通广顺、安顺、贵阳。据《徐霞客游记》载，徐霞客西行时曾经此道达平坝卫城。现村民生活、生产仍沿用此道。古道现残存"大陇关"约2000米一段，路面石块光滑，马蹄印依稀可辨。因年久失修，有些路段坑洼较多，雨天难行，总体保存较差。

1 大狗场古道局部
2 大狗场古道航拍图

古桥

天宝桥

天宝桥位于安顺市西秀区旧州镇东街。地理坐标为东经106°8′24.9″、北纬26°15′11″，海拔1273.9米。建于明洪武年间。南北走向，横跨东门河，五孔石桥原建有扶风亭，"文化大革命"时期被毁。长35米，宽6.2米，中孔跨度4米，矢高2.5米，次孔、小孔跨度约3.3米。北桥头有新建化纸塔，南桥头有东门井。桥梁保存完整，桥面有新砌水泥围栏，化纸塔挡住北面小孔。

天宝桥全景

摆勺桥

摆勺桥位于贵阳市花溪区石板镇摆勺村口东南150米。地理坐标为东经106°37′39.1″、北纬26°30′0.7″，海拔1154.7米。始建于明代。西北—东南走向，跨小花溪河。单孔石拱桥，长8米，宽2.7米，净跨3.03米，高1.8米。桥面石板铺墁。保存一般，现仍在使用之中，桥面边石有部分损坏。

摆勺桥全景

西清桥

西清桥位于贵阳市清镇市红枫湖镇骆家桥村西北约2千米处。地理坐标为东经106°19′41.4″、北纬26°30′52.5″，海拔1231.1米。明代所建，清镇市文物保护单位。桥跨南北两岸，河水由西向东从桥下过。四孔石拱桥，青石垒砌，长30米，宽3米，高10米，净跨22米，占地面积90平方米。原桥身于1991年毁于洪水，青石垒砌，部分风化严重。

1 西清桥桥面
2 西清桥全景

麦翁桥

麦翁桥位于安顺市平坝区十字乡麦翁村麦翁河上。地理坐标为东经106°18′38.4″、北纬26°30′47.4″，海拔1249.8米。始建于明代。古时为盐道必经之路，东南—西北走向，占地面积322平方米。桥长56米，宽5.75米，单孔跨5.7米，欠高6.3米，拱高5.3米，为五孔石拱桥，桥面青石铺墁，两侧有石扶栏，当地人称"拦马石"，桥头原有石碑一通。1991年特大洪灾将扶栏和桥面毁坏，石碑也被冲走。1996年，地方民众捐款投工将桥面和护栏恢复，并重立功德碑一通。

1	
2	3

1　麦翁桥全景
2　麦翁桥土地庙
3　麦翁桥勘测

猫场桥

猫场桥位于安顺市平坝区羊昌乡黄土桥村猫场组东300米处邢江河下游羊昌河上。地理坐标为东经106°19′32.7″、北纬26°21′29.6″，海拔1243.3米。始建于明代，重修于清代乾隆四十一年（1776年），后屡有维修。桥为十一孔石板平桥，东北—西南走向，占地面积118.82平方米。长49.5米，宽2.4米，通高3.3米，单孔跨2米。桥墩均为打磨规则的大石块垒砌，三角形状，边长2.3米，高4.2米。该桥于明、清、民国时均为交通要道之重要津梁，现仍使用。桥南头有"万古不磨"碑一通，宽0.7米，厚0.08米，高1.73米，青石质，方首。碑文主要记述建桥缘由及普定、镇宁、贵筑（贵阳市）、清镇、广顺、安平等州县捐款修桥情况。

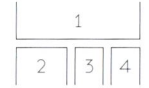

1　猫场桥全景
2　猫场桥近景
3　猫场桥"万古不磨"碑
4　猫场桥"万古不磨"碑拓片

七甲桥

七甲桥位于贵安新区高峰镇王家院村七甲组至坪上组进村公路旁。地理坐标为东经106°22′30.3″、北纬26°23′3.5″，海拔1246.2米。始建于明代。西北—东南走向，跨麻线河。三孔石拱桥，长33米，宽3.5米，每孔净跨5米，矢高4.3米。桥全用青石砌筑，桥面用青石铺墁，两侧有护栏，现无存。曾在清、民国及20世纪90年代对其局部维修。该桥是当地从平坝通往贵阳的古道津梁，也是河两岸居民生活生产的必经之路。

1 七甲桥远景
2 七甲桥全景
3 七甲桥周边环境

平寨桥

平寨桥位于贵安新区马场镇平寨村南300米处。地理坐标为东经106°26′42.1″、北纬26°21′45.9″，海拔1244.2米。建于明代。东南—西北走向，跨龙塘小河。单孔石拱桥，长14.3米，宽2.2米，孔净跨4.5米，矢高1.85米。桥面呈石梯状，共10级。迄今仍然是平寨至破塘的必经之道。桥西侧有亭阁式石檐，现仅存一侧。

1	
2	

1　平寨桥桥面
2　平寨桥近景

邢江大桥

邢江大桥位于贵州省安顺市平坝区白云镇邢江村邢江河上。地理坐标为东经106°15′20.2″、北纬26°18′23.1″，海拔1265米。始建于明代，后历代修葺，沿用至今。东北—西南走向。据说初时为二十五孔石板平桥，因桥面石刻鲤鱼、八卦等图案，俗称"鲤鱼桥"，后改为十三孔平桥，并勒碑作记。1991年遭洪水冲毁后改为十三孔石拱桥（石碑被冲走），均为料石叠涩垒砌，桥面铺墁混凝土。长82米，宽4.2米，高2.3米，矢高1.8米，拱宽4.7米。桥头有青石方首碑两通，一为建桥功德碑，一为护林碑。

1 邢江大桥桥面
2 邢江大桥全景
3 邢江大桥远景

积善桥

积善桥位于安顺市平坝区乐平镇架布村麒麟组桥上河驮盐道上。地理坐标为东经106°4′36.9″、北纬26°25′58.2″，海拔1289.6米。始建于明清。占地面积44.8平方米，为青石垒砌石拱桥，东南—西北走向。长16米，宽2.8米，矢高4米，拱宽3.3米，拱高3.3米。此桥人称送子桥、积善桥，横跨于平坝区架布至西秀区蔡官镇、旧州镇、大西桥镇古道必经的深涧之上，现仍在使用。桥西南道侧相距约10米处分别立有两块石碑，一为送子桥碑，一为积善桥碑，两碑均于"文化大革命"时期被毁，立碑时间不详。积善桥碑左残存竖向楷书阴刻"承宣布政使司贵阳军民府新贵县……下濛架寨发心信善……"（以下刊刻该村寨陈、朱、张、王、李、焦六姓人名），估计此桥建于明末清初。

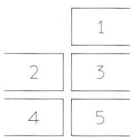

1　积善桥全景
2　积善桥桥洞
3　积善桥桥面
4　积善桥残存积善桥碑（残）
5　积善桥残存送子桥碑（残）

果洛桥

果洛桥位于贵安新区党武镇果洛村500米。地理坐标为东经106°34′0.8″、北纬26°23′2.7″，海拔1174.2米。始建于清初。由果洛村村民所建。东西走向，跨小奋河。七跨石礅石板桥，长25米，宽2.5米。1935年红军长征时途经此桥。现淹没于松柏山水库中。保存较好，松柏山水库水位下降后可见其貌。

果洛桥（被淹没处）

庙山桥

庙山桥位于贵安新区湖潮乡湖潮村东北3千米。地理坐标为东经106°32′12.2″、北纬26°27′7.2″，海拔1197.5米。建于清初。东西走向，跨庙山河。单孔石拱桥，长19.1米，宽4.26米，净跨7.2米，矢高3米。此桥作为交通要道，保存相对完好，现作简单维修，成为景区一处重要的人文景观。

1 庙山桥全景
2 庙山桥远景

十朱桥

　　十朱桥位于安顺市平坝区十字乡四甲村南20米。地理坐标为东经106°16′45.4″、北纬26°30′11.4″，海拔1243.6米。又名"广济桥""石猪桥""石珠桥"。"右十百户朱表者"建于明万历十九年（1591年），后毁。清康熙九年（1670年），其五世孙重修。占地面积187平方米，南北走向，五孔石拱桥，长36米，宽5.2米，单孔净跨3.5米，矢高5.7米，桥高6.4米。桥用青石砌筑，两侧设石护栏，护栏两端有圆雕石狮。原有建桥碑一通，系平坝卫守备卢大济撰文，知县黄亮镌立。护栏、石雕、石碑在1991年洪灾中被毁。桥梁的主体尚存，桥面两边的护栏石是20世纪90年代重修的，保存状况一般。

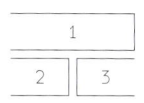

1　十朱桥全景
2　十朱桥桥面
3　十朱桥护栏石雕

应子桥

应子桥位于贵阳市花溪区石板镇花街村东。地理坐标为东经106°35′44″、北纬26°26′22.7″，海拔1153米。清康熙三十九年（1700年）傅应贵捐资建造，又名"傅家桥"。东西走向，跨花溪河。二十二跨石墩石板平桥，长60米，宽3米。桥南立"建应子桥碑"一通，白棉石质，方首，宽0.69米，厚0.15米，高1.2米。额题"建应子桥碑记"6字，每字8厘米×8厘米。碑文楷书阴刻，18行，满行39字，共计672字。记傅应贵捐银建应子桥事。刘子章撰文，周起渭书丹。立于康熙三十九年（1700年）。1958年建花溪水库，现已被水淹没。

应子桥现状（被淹后位置）

元方桥

元方桥位于贵安新区湖潮乡元方村西南。地理坐标为东经106°32′13.1″、北纬26°28′12.4″，海拔1207米。修建于清康熙年间。东西走向，跨元方河。三孔石拱桥，长28.6米，宽2.7米，中孔净跨4.1米，北侧桥孔净跨3.8米，南侧桥孔净跨3.1米，矢高5米。桥西北30米处立建桥碑（残），上宽（残）0.42米，下宽0.68米，厚0.1米，高0.92米。1999年元方村村民对其进行维修，将弧形桥面改造为水平桥面。现仍作为元方村村民耕作的出行通道，然两端被填高，已失去原有风貌。

1　元方桥桥面
2　元方桥桥面
3　元方桥全景

延寿桥

延寿桥位于安顺市平坝区乐平镇斯拉村坝脚组铜鼓井侧通往斯拉河（思腊河）黄茅渡古道的一条山涧上。地理坐标为东经106°7′37.5″、北纬26°27′1.1″，海拔1454.6米。占地面积16.25平方米，单孔石拱桥，料石垒砌而成，东西走向。长6.5米，宽2.5米，矢高3.6米，拱高3.2、宽3.8米，横跨于古盐道必经之深涧上，为明清时期交通要道之津梁。此地山高坡陡，涧深流急，原来有石拱桥一座，后因山洪暴发而倾圮，多年无人问津。清乾隆二十四年（1759年），当地信善之刘门陈氏捐资重建此桥并于桥头立碑为记，祈保子孙绵长，寿禄永久。延寿桥为料石垒砌，两端连接古道之石板路，古藤缭绕，苍苔斑驳。现此路仅作为附近村民生产、生活使用之通道，仍坚固实用。

1 延寿桥全景
2 延寿桥近景
3 延寿桥石碑拓片

焦家桥

焦家桥位于安顺市平坝区夏云镇水塘村雷打坡寨东南400米。地理坐标为东经106°20′22.4″、北纬26°25′20.3″，海拔1248.8米。始建于清乾隆二十五年（1760年），由进士焦子明建。南北走向，跨羊昌河下游焦家河。初为十一孔石拱桥，数年后被水冲毁又改建十九孔平桥，又因平桥有碍行舟，故第三次建成三孔石拱桥。1959年国家兴建红枫湖水库，贵昆公路改道由此通过，贵州省交通厅工程队将桥重建为永久性公路大桥。新建焦家桥长54米，宽8米，单孔净跨12米，矢高7.6米，拱高5.3米，是贵昆公路干线上的重要桥梁之一。桥面两侧均为水泥板护栏，现整座桥保存状况较好。

1 焦家桥近景
2 焦家桥全景
3 焦家桥勘测

茅草桥

茅草桥位于贵安新区党武镇茅草村1500米。地理坐标为东经106°35′57.6″、北纬26°23′37.1″，海拔1199.6米。茅草村村民建于清末。东西走向，跨马路河。单孔石拱桥，长15米，宽3米，净跨10米，矢高5米。现淹没于松柏山水库中。

茅草桥（被淹没处）

水月寺桥

水月寺桥位于安顺市平坝区白云镇车头村西南。地理坐标为东经106°14′29.7″、北纬26°21′24.8″，海拔1259.4米。始建于清末，占地面积26.7平方米。桥北原有水月寺，桥因此得名。东西走向，横跨槎头河之支流上，料石垒砌，长12.3米，宽2.17米，净跨5米，通高1.7米，矢高1.5米。桥面石板铺墁，两侧原有石护栏。寺今已不存在，唯存石桥。桥护栏无存，桥下河床淤塞，改作稻田。保存状况较差。

水月寺桥全景

左蒋小桥

左蒋小桥位于安顺市西秀区七眼桥镇左蒋村北500米处。地理坐标为东经106°4′36.7″、北纬26°18′33.1″，海拔1329.6米。始建于清代。南北走向，横跨左蒋河。平面呈"S"形，毛石砌筑，桥面为石块平铺，共11孔，主桥全长为45米，宽2米，高1米，单孔跨2米。引桥全长45米，宽1.7米。

左蒋小桥全景

三铺大桥

三铺大桥位于安顺市西秀区大西桥镇三铺村南20米。地理坐标为东经106°0′12.8″、北纬26°19′32.2″，海拔1313.2米。始建于清代。南北走向。石构五孔平桥，平面呈"一"字形，水泥桥面，长27米，宽6米，矢高1米，单孔净跨2米。桥面有长10、高0.3米的石护栏。构架稳定，保存完整。

三铺大桥全景

马鞍山桥

马鞍山桥位于安顺市西秀区蔡官镇浪河村东1千米。地理坐标为东经106°3′58.5″、北纬26°23′21.3″，海拔1377.3米。始建于清代。东西走向。石构三孔拱桥，桥上石砌梯坎，桥面石块铺墁，长20米，宽3.8米。桥孔自东向1号、2号跨均为3.7米，矢高1.6米；3号孔跨2.4米，矢高1.2米。

1 马鞍山桥桥洞南立面
2 马鞍山桥全景

復龙桥

复龙桥位于安顺市西秀区蔡官镇董官村西北100米。地理坐标为东经106°3′20.8″、北纬26°22′46.1″，海拔1381.2米。始建于清代。南北走向。石结构单孔拱桥，长12米，宽3.5米，孔跨7米，矢高4米。桥上有梯坎，桥面石块铺墁，桥龛石上刻有桥名。

1　復龙桥桥洞西立面
2　復龙桥全貌

魏家桥

魏家桥位于安顺市平坝区乐平镇塘约村西约1千米处。地理坐标为东经106°9′22.5″、北纬26°26′31.5″，海拔1314.5米。始建年代不详，由当地魏姓族人修建，清代与民国时期维修。南北走向，跨乐平河下游。四孔石拱平桥，长23.5米，宽2.9米，矢高3.6米，拱高3.3米，单孔净跨4.6米。桥面用青石铺砌，无护栏，桥墩为料石砌筑，呈菱形。该桥是连接谷掰寨与塘约两地必经之道。

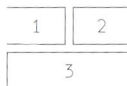

1 魏家桥桥面
2 魏家桥远景
3 魏家桥全景

洛阳桥

洛阳桥位于安顺市平坝区夏云镇老岛村桥上组邢江河下游。地理坐标为东经106°19′14.3″、北纬26°23′19.2″，海拔1250.9米。始建年代不详。东北—西南走向，占地面积90平方米。十五孔石板平桥，全长60米，宽1.5米，通高5米，每孔净跨2米。桥墩棱形，长4.2米，宽1.9米，高5米。1991年特大洪灾，桥面石板遭损，桥头石碑消失。后村民修复桥面，并在桥面铺设混凝土加固。古时桥两端均与古道连接，徐霞客西行时曾从桥上过。

1 洛阳桥桥面
2 洛阳桥远景

云山屯简桥

云山屯简桥位于安顺市西秀区七眼桥镇本寨村东南10米。地理坐标为东经106°5′5″、北纬26°17′2.3″，海拔1328米。建于明代，已毁，20世纪80年代改建。南北走向，横跨杨柳河。石砌单孔石桥，长7.3米，宽3米，矢高1.2米，单孔净跨4米。桥东西两侧有石护栏，南北口均有石踏步。2001年6月将其评为第五批全国重点文物保护单位。

1 云山屯简桥桥面
2 云山屯简桥西立面

矿冶

熬硝洞遗址

1 熬硝洞遗址生产场所
2 熬硝洞遗址洞口

　　熬硝洞遗址是一处清代矿冶遗址，位于安顺市平坝区乐平镇熬硝村西北200米一凹地处，喀斯特溶洞内。坐北朝南。洞东西宽约50米，高约50米，南北深约100米，洞内面积3000平方米。尚存制硝用过的灶台、滤水池以及熬制硝矿后留下的残渣碎石。该遗址是当地上几代人因战争需要在此提炼硝矿遗留下来的。主要遗迹集中在距洞口30米处，遗址大部分保留尚好，尚存灶台、滤水池20余个。常年岩石滴水，洞穴低洼处被水淹没腐蚀，对遗址造成一定程度的破坏。20世纪50年代遭到人们的生产生活活动破坏。

3 熬硝洞遗址生产场所
4 熬硝洞遗址灶坑
5 熬硝洞遗址火灶
6 熬硝洞遗址泡池

水利

鲍家屯水利工程

鲍家屯水利工程位于安顺市西秀区大西桥镇鲍家屯村寨内及周围，地处乌江上游猫跳河支流大坝河流域。工程设施始建于明代初年，是一个比较完整的水利工程体系，水利工程属引蓄结合的塘坝式水利形式，由横坝、顺坝和高低龙口组成，水源流向自西向东。采用"鱼嘴分流"的方式，把上游河道一分为二，形成"两河绕田坝"的态势。该水利工程设施简洁、功能完备，使村落周边不同高度的3000余亩田地得到自流灌溉。水利设施大部分保存完好，当地有一套完整的岁修制度，使得水利工程能够长期使用。鲍家屯水利工程已被列为第七批全国重点文物保护单位。

1. 鲍家屯水利工程大河坝水碾房
2. 鲍家屯水利工程水碾
3. 鲍家屯水利工程远景
4. 鲍家屯水利工程远景

近现代遗迹

教育设施

陇巴小学教学楼

陇巴小学教学楼位于安顺市西秀区蔡官镇陇巴村中心。地理坐标为东经106°2′49″，北纬26°25′44″，海拔1300.3米。建于1976年。坐东南朝西北，面积约213平方米。石木结构单檐悬山石板顶双层建筑，面阔八间26米，进深8.2米，高6米。

1 陇巴小学教学楼侧立面
2 陇巴小学教学楼正立面

天龙学堂旧址

天龙学堂旧址位于安顺市平坝区天龙镇天龙村后街河畔。地理坐标为东经106°9′19″、北纬26°21′11″，海拔1328.6米。始建于民国二十三年（1934年），1940年扩建。坐西朝东，占地面积近4000平方米。中西结合，为一正两厢的三合院布局，主要建筑有礼堂（正房），左、右厢房，图书室（以上建筑均为一楼一底的石木结构建筑），还有建筑精美的牌坊式大门。

整个建筑群无论从设计布局到结构装修，既继承了中国传统工艺的建筑特色，又借鉴了西方的建筑风格，形成了一个中西合璧的建筑群体，具有历史、艺术、科学等价值。2004年，安顺市人民政府将其公布为市级文物保护单位。

1　天龙学堂旧址右厢房
2　天龙学堂旧址保护标志
3　天龙学堂旧址礼堂
4　天龙学堂旧址礼堂

5　天龙学堂旧址校门与图书室
6　天龙学堂旧址校门
7　天龙学堂旧址图书室

永兴学堂旧址

永兴学堂旧址位于安顺市西秀区大西桥镇石板房村石板房小学内。地理坐标为东经106°9′0″、北纬26°21′3″，海拔1337米。遗址坐北朝南，面积约为1600平方米。平面呈长方形，长50米，宽30米。南面正中有一露台，平面呈半圆形，半径为5米。

永兴学堂创建于民国时期，现已毁。原址上现修建石板房小学教学楼。

1 永兴学堂旧址露台全景
2 永兴学堂旧址全景

老宅、碉楼

包家大院

包家大院（包家祠堂）位于贵安新区马场镇凯掌村大寨中心。地理坐标为东经106°28′18″、北纬26°19′31″，海拔1278米。始建于清朝末年，民国初年完善。坐南朝北，占地面积近4000平方米。基本为三进三合院式，砖木结构穿斗式硬山顶建筑，并有翘角装饰的封火墙（马头墙），乃当地富绅包玉年修建。整个大院的基础和围墙均用大块长条料石叠涩垒砌，380余米长的围墙将大院围住。现整个大院仅有一进院的正房框架尚存，后两进院已因火灾毁于20世纪90年代中期。

从残存部分看，该宅院的建筑风格与山西、安徽富商宅第风格相似，一些残存的石、木雕件有一定艺术价值。

1 包家大院俯瞰
2 包家大院围墙
3 包家大院俯瞰

4 包家大院大门
5 包家大院局部
6 包家大院院落

梅进奄宅

梅进奄宅位于安顺市西秀区蔡官镇梅家庄中心。地理坐标为东经105°58′53″、北纬26°19′7″，海拔1447.5米。建于民国四年（1915年）。坐东朝西，二进四合院式，石木结构单檐石板青瓦顶双层建筑，一进为三合院，二进为四合院。正房七间，面阔20米，进深8米，高5.5米。

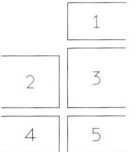

1. 梅进奄宅残存美人靠
2. 梅进奄宅大门
3. 梅进奄宅墙体
4. 梅进奄宅北厢房
5. 梅进奄宅一进正房

宋祖全宅

宋祖全宅位于安顺市西秀区大西桥镇九溪村中间街。地理坐标为东经106°8′18″、北纬26°18′36″，海拔1344米。修建于民国初期。坐东朝西。石木结构，有正房一间五开间，东西两厢各一间三开间，对顶房一间五开间。均为穿斗式悬山石板顶建筑，是典型的四合院式屯堡民居。石柱础雕刻有精美图案，木屋架主体保存完整。

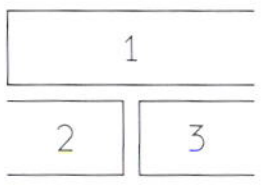

1	
2	3

1 宋祖全宅东厢房
2 宋祖全宅庭院
3 宋祖全宅石柱础

王兴成宅

王兴成宅位于安顺市西秀区大西桥镇石板房村107号。地理坐标为东经106°9′6″、北纬26°21′3″，海拔1313.4米。建于民国初期。坐南朝北，占地面积为585.6平方米。四合院式石木结构单檐石板顶双层建筑，正房五间，面阔16米，进深7.6米，高6米。对厅房北面有石碉楼一座，平面呈正方形，边长5.7米，高18米。

| 1 | 2 |
| 3 | 4 |

1　王兴成宅门楼正立面
2　王兴成宅天井
3　王兴成宅门楼东立面
4　王兴成宅碉楼枪眼

四世同堂老宅

四世同堂老宅位于安顺市平坝区天龙镇天龙村后街。地理坐标为东经106°9′27″、北纬26°21′14″，海拔1323.6米。始建于1920年。坐南朝北，占地面积305平方米，建筑面积235平方米。为一正两厢一照壁的石木结构悬山顶双层建筑。当年的房主人郑母鲍老太君青年居孀，含辛茹苦抚孤成立，恪守屯堡人"耕读传家"信条，子一辈农耕创业，孙一辈读书出名，第四、五代考学、工作者近三十人。鲍老太君九十大寿时获贵州省省主席平刚撰寿联一副，书法家任可澄书"萱围春霭"寿匾一块。该宅院是一座具有江南传统民居建筑特色的屯堡民居三合院。

1 四世同堂老宅正房门匾
2 四世同堂老宅正房
3 四世同堂老宅外墙
4 四世同堂老宅左厢房
5 四世同堂老宅门楼

老演武堂

老演武堂位于安顺市平坝区天龙镇天龙村后街新井右前侧。地理坐标为东经106°9′27″、北纬26°21′15″，海拔1329.1米。此房由原房主郑炳兰始建于1921年。坐东南朝西北，占地面积676平方米。为一正两厢一照壁的石木结构悬山顶三层建筑。正房七间，左、右厢房各三间，天井一个，照壁一堵，木雕构件工艺精湛。建筑基座及梁架牢固，唯木构件漆饰褪色剥落，整座建筑完整稳定。保存状况较好，是一座继承了江南传统民居风格的典型屯堡四合院。

天龙屯堡旅游兴起后，这里被辟为地戏表演场所，人称"演武堂"。

1	2
3	4
5	6

1　老演武堂左厢房
2　老演武堂周边环境
3　老演武堂正房
4　老演武堂周边环境
5　老演武堂照壁
6　老演武堂外墙

陈德富宅

陈德富宅位于安顺市西秀区蔡官镇关口村中心。地理坐标为东经106°4′22″、北纬26°24′1″，海拔1444.7米。建于民国时期。坐北朝南。三合院式，石木结构单檐悬山石板顶三层建筑。正房五间，面阔16米，进深8.5米，高7米。碉楼坐东朝西，平面呈正方形，边长5米，高12米。

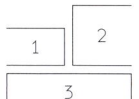

1　陈德富宅东厢房
2　陈德富宅碉楼正立面
3　陈德富宅正房正立面

金正恒宅

金正恒宅位于安顺市西秀区七眼桥镇本寨村。地理坐标为东经106°4′57″、北纬26°17′6″，海拔1336.1米。始建于民国时期。坐北朝南，占地面积433.8平方米。四合院式木结构单檐石板顶建筑。正房五间，面阔17.5米，进深7.5米，高7米。由正房、东西两厢、对厅组成。2001年6月被公布为第五批全国重点文物保护单位。金正恒宅是本寨保存较为完整的四合院之一，是研究安顺屯堡建筑营造技艺的实物资料。

1　金正恒宅大门
2　金正恒宅正房正立面

沈华清宅

沈华清宅位于安顺市西秀区七眼桥镇云山屯村主干道北侧。地理坐标为东经106°5′3″、北纬26°17′34″，海拔1392.3米。建于民国时期。坐东北朝西南。三合院式木结构单檐石板顶双层建筑，平面呈"凹"字形，占地面积151.2平方米。正房三间，面阔12.6米，进深6米，高7米。沈华清宅在全国重点文物保护单位云山屯古建筑群辖区范围内，是研究安顺乡土建筑营造技艺的实物资料。

1 沈华清宅正屋门
2 沈华清宅外景

杨承芝宅

杨承芝宅位于安顺市西秀区七眼桥镇东南本寨村39号。地理坐标为东经106°4′56″、北纬26°17′3″，海拔1322.3米。始建于民国时期。坐北朝南，占地面积184.5平方米。四合院式木结构单檐石板顶双层建筑，正房五间，面阔12.3米，进深7.3米，高9米。2001年6月被评为第五批全国重点文物保护单位。杨承芝宅是研究安顺乡土建筑营造技艺的实物资料，也是明朝在贵州推行屯田制的历史见证。

1 杨承芝宅正房
2 杨承芝宅大门
3 杨承芝宅远景

杨汝康宅

杨汝康宅位于安顺市西秀区七眼桥镇本寨村99号。地理坐标为东经106°4′55″、北纬26°17′5″，海拔1337.4米。始建于民国时期。坐西北朝东南，占地面积166.4平方米。正房五间，面阔10.4米，进深7.5米，高7米。2001年6月公布为第五批全国重点文物保护单位。2010年"三普"时对其进行了复查，整体保存较好，结构稳定。

1. 杨汝康宅正房
2. 杨汝康宅大门

鲁大东宅

鲁大东宅位于安顺市西秀区旧州镇旧州村西街。地理坐标为东经106°8′4″、北纬26°15′8″，海拔1275.2米。建于1941年。坐北朝南，占地面积328平方米，建筑面积148.25平方米。仿法式砖木结构双层建筑，四面坡屋顶。原房主鲁大东系当时国民党"中央"日报贵州站人事主任，其妻赵毕光系达德女子学校毕业生。为修建该宅，鲁大东特地从贵阳请来设计师进行设计，房屋建成6年后，土地改革时作为旧州医院使用，现已空置。

1 鲁大东宅背立面
2 鲁大东宅正立面
3 鲁大东宅正门

徐开贵宅

徐开贵宅位于安顺市西秀区大西桥镇石板房村138号。地理坐标为东经106°9′3″、北纬26°21′2″，海拔1319.9米。建于1943年。坐北朝南，占地面积358.6平方米。四合院式石木结构单檐石板顶双层建筑，正房五间，面阔16.3米，进深6.2米，高6米。西厢是一座4层碉楼，碉楼平面呈正方形，边长6.7米，高16米，门额石刻"居之安"，南北窗额分别刻有"福寿""延年"。

1	2
3	4

1　徐开贵宅碉楼
2　徐开贵宅碉楼石刻
3　徐开贵宅西厢房隔扇门
4　徐开贵宅正房与西厢房

毛氏大宅

毛氏大宅位于安顺市平坝区天龙镇天龙村中街苑子头，当地人称"洋房子"。地理坐标为东经106°9′25″、北纬26°21′18″，海拔1317.6米。始建于1943～1945年。坐西北朝东南，占地面积1190.41平方米，建筑面积268.57平方米。石木砖结构，为一正两厢抬梁穿斗式歇山顶两楼一底建筑。整栋建筑既继承了当地屯堡民居的建筑模式，又模仿西方建筑风格，为当地富户毛祖箴所修。

1 毛氏大宅大门
2 毛氏大宅周边环境

近现代遗迹

3	
4	5

3　毛氏大宅正面
4　毛氏大宅一角
5　毛氏大宅外墙

刘叔华宅

刘叔华宅位于安顺市西秀区旧州镇旧州村东街。地理坐标为东经106°8′15″、北纬26°15′16″，海拔1279.8米。建于1946年，1949年土地改革交公。坐北朝南。整个院落占地面积约400平方米，建筑面积378平方米。现有三户人家，正门位于东南角，属石木结构，典型的四合院，由正房、对厅、东西两厢组成，是目前旧州镇为数不多的保存较完整的老建筑。

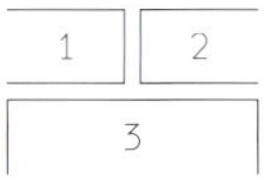

1 刘叔华宅天井
2 刘叔华宅正门
3 刘叔华宅外景

曹家碉楼

曹家碉楼位于安顺市西秀区旧州镇旧州村北街。地理坐标为东经106°8′8″、北纬26°15′17″，海拔1280.1米。坐北朝南，占地面积32平方米。平面呈方形，长6.5米，宽4.9米。门宽0.8米，高1.8米，墙体厚0.7米。三层石木结构，墙体为青石砌筑，屋顶为青石板，四面墙有射击孔和窗户。

1 曹家碉楼全貌
2 曹家碉楼正门

陈家碉楼

陈家碉楼位于安顺市平坝区羊昌乡陈寨村小陈寨组中间。地理坐标为东经106°21′14″、北纬26°19′36″，海拔1240.2米。始建于民国时期。坐北朝南，占地面积28.52平方米。砖石木结构，为穿斗抬梁式庑殿青瓦顶建筑。楼高约12.5米，共4层。除一楼为石板铺墁外，其他层均为木板铺设，各层间有板梯连接，楼基之上1米处用打磨规则的石块垒砌，1米以上全用青砖垒砌。碉楼各层墙面均有窗户和射击孔，既通风采光又可射击围攻之敌，尤其是顶楼，站在凉台上可利用设于墙外的射击孔攻击碉楼的墙下之敌。该楼既可作为居住之所，又具备防御功能，有一定的历史价值。

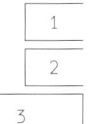

1 陈家碉楼正面
2 陈家碉楼全景
3 陈家碉楼庭院

杜家碉楼

杜家碉楼位于安顺市西秀区蔡官镇侯家庄村中心。地理坐标为东经105°59′17″、北纬26°21′4″，海拔1415.3米。建于民国时期。坐东朝西，占地面积约30平方米。石结构单檐悬山石板顶四层建筑。平面呈长方形，长6米，宽5米，高8米。

1 杜家碉楼侧立面
2 杜家碉楼正立面

胡朝忠碉楼

胡朝忠碉楼位于安顺市西秀区七眼桥镇本寨村。地理坐标为东经106°4′56″、北纬26°17′7″，海拔1324.7米。建于民国时期。坐东朝西。石结构单檐悬山石板顶三层建筑，平面呈长方形，长7.5米，宽6.4米，高9米。2001年6月公布为第五批全国重点文物保护单位。

在2010年"三普"时对其进行了复查，保存较好。胡朝忠碉楼在全国重点文物保护单位云山屯古建筑群辖区范围内。

1 胡朝忠碉楼侧面
2 胡朝忠碉楼北侧
3 胡朝忠碉楼周边环境

黄家碉楼

黄家碉楼位于安顺市平坝区乐平镇凤凰村谷坝纳村中心。地理坐标为东经106°7′36″、北纬26°26′1″，海拔1446.3米。始建于民国时期，由当地富户黄绍清出资修建，原为一处大宅院，有正房、厢房、天井、碉楼等，一共有20余间房屋。现仅存碉楼，坐东北朝西南，占地面积37余平方米。碉楼全用料石砌筑，共三层，每层长7.8米，宽4.8米，墙厚0.7米，通高9.3米，屋面为悬山石板顶，底层为石拱券门，墙体石窗分别为"十"字形、鸡心形、花瓣形，做工精美。有防盗扰、匪患之功能。

1　黄家碉楼侧面窗
2　黄家碉楼后门
3　黄家碉楼前门

黄家水碾碉楼

黄家水碾碉楼位于安顺市平坝区乐平镇凤凰片区大坡村解放桥东北角。地理坐标为东经106°8′16″、北纬26°25′53″，海拔1330.4米。始建于民国时期，由谷坝纳富户黄绍清出资修建。坐西北朝东南，占地面积60平方米，建筑面积约200平方米。共4层，长10.3米，宽5.6米，高16.8米，青石板轿子顶，全用料石砌筑，每层四周有窗户，具有透光及防御功能，保存完好。

1. 黄家水碾碉楼俯瞰
2. 黄家水碾碉楼侧面
3. 黄家水碾碉楼正面
4. 黄家水碾碉楼远眺

王家碉楼

王家碉楼位于安顺市西秀区蔡官镇交椅村中心。地理坐标为东经105°58′31″、北纬26°19′22″，海拔1447米。建于民国时期。坐西南朝东北。石结构单檐悬山石板顶五层建筑，平面呈正方形，边长5.5米，高12米。

1 王家碉楼全景
2 王家碉楼东北面

金守仟碉楼

金守仟碉楼位于安顺市西秀区七眼桥镇本寨村。地理坐标为东经106°4′58″、北纬26°17′7″，海拔1323.4米。建于民国时期。坐北朝南。石结构单檐悬山石板顶三层建筑，平面呈长方形，长5.4米，宽4.6米，高12米。2001年6月被评为第五批全国重点文物保护单位。2010年"三普"时对其进行了复查，其结构稳定，保存较好。金守仟碉楼在全国重点文物保护单位云山屯古建筑群辖区范围内。

1 金守仟碉楼后面
2 金守仟碉楼侧面
3 金守仟碉楼远景

金守兴碉楼

金守兴碉楼位于安顺市西秀区七眼桥镇本寨村。地理坐标为东经106°4′58″、北纬26°17′7″，海拔1325.1米。建于民国时期。坐东北朝西南。石结构单檐悬山石板顶三层建筑，平面呈长方形，长5米，宽4.6米，高11米。2001年6月被评为第五批全国重点文物保护单位。2010年"三普"时对其进行了复查，保存较好。金守兴碉楼在全国重点文物保护单位云山屯古建筑群辖区范围内。

1 金守兴碉楼近景
2 金守兴碉楼全景

金兴强碉楼

金兴强碉楼位于安顺市西秀区七眼桥镇本寨村。地理坐标为东经106°4′57″、北纬26°17′5″，海拔1321.7米。建于民国时期。坐北朝南。石结构单檐悬山石板顶四层建筑。平面呈长方形，长5.5米，宽5.1米，高14米。2001年6月被评为第五批全国重点文物保护单位。金兴强碉楼在全国重点文物保护单位云山屯古建筑群辖区范围内。

1 金兴强碉楼局部
2 金兴强碉楼全景

金志刚碉楼

金志刚碉楼位于安顺市西秀区七眼桥镇本寨村。地理坐标为东经106°4′56″、北纬26°17′2″，海拔1320.5米。建于民国时期。坐北朝南。石结构单檐悬山石板顶三层建筑，平面呈长方形，长5米，宽4.6米，高11米。金志刚碉楼在全国重点文物保护单位云山屯古建筑群辖区范围内。

1 金志刚碉楼近景
2 金志刚碉楼远景

浪竹坝刘家碉楼

浪竹坝刘家碉楼位于安顺市西秀区蔡官镇浪竹村中心。地理坐标为东经106°2′49″、北纬26°24′55″，海拔1344.7米。建于民国时期。坐西朝东。石结构单檐悬山石板顶五层建筑，平面呈正方形，边长5.3米，高12米。

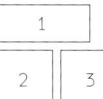

1 浪竹坝刘家碉楼背立面
2 浪竹坝刘家碉楼东立面
3 浪竹坝刘家碉楼南立面

王尚义碉楼

王尚义碉楼位于安顺市西秀区七眼桥镇本寨村。地理坐标为东经106°4′58″、北纬26°17′5″，海拔1320.1米。建于民国时期。坐北朝南。石结构单檐悬山石板顶四层建筑，平面呈长方形，长5.8米，宽5.4米，高14米。

王尚义碉楼

尾巴寨刘家碉楼

尾巴寨刘家碉楼位于安顺市西秀区蔡官镇尾巴村中心。地理坐标为东经106°2′33″、北纬26°24′43″，海拔1352.3米。建于民国时期。坐东北朝西南。石结构单檐悬山石板顶三层建筑，平面呈正方形，边长3米，高8米。

1　尾巴寨刘家碉楼侧立面
2　尾巴寨刘家碉楼正立面

小屯街碉楼

小屯街碉楼位于安顺市西秀区蔡官镇小屯街村中心。地理坐标为东经106°2′15″、北纬26°24′34″，海拔1359.1米。建于民国时期。坐西北朝东南。石结构单檐悬山石板顶四层建筑。平面呈长方形，长7米，宽5.7米，高16米。

1 小屯街碉楼侧立面
2 小屯街碉楼正立面

叶家碉楼

叶家碉楼位于安顺市西秀区蔡官镇蔡官村南20米处。地理坐标为东经105°59′25″、北纬26°20′9″，海拔1433.5米。建于民国时期。坐西朝东。石结构单檐悬山石板顶三层建筑，平面呈长方形，长6米，宽5米，高8米。

1　叶家碉楼北立面
2　叶家碉楼远景

邹家碉楼

邹家碉楼位于安顺市平坝区白云镇高寨村中心。地理坐标为东经106°9′10″、北纬26°19′13″，海拔1297.9米。始建于民国三十一年（1942年）。系当地富户邹元鑫住宅。原有正房六间、左右两厢、照面及天井，现已改建，仅存左厢即碉楼。建筑总占地面积200平方米，建筑面积约400平方米。碉楼坐北朝南，全是料石砌筑，建筑呈长方形，共四层，每层长、宽均为4.5米，墙厚0.8米，通高13.5米。第二、三层四周有射击孔；第四层西面有投弹孔，防御功能极强；第三层东、西两面分别楷体阴刻"居之安""平为福"字。

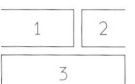

1 邹家碉楼全景
2 邹家碉楼西立面
3 高寨村俯瞰

蒋家碉楼

蒋家碉楼位于安顺市平坝区白云镇林下自然村。地理坐标为东经106°14′45″、北纬26°19′16″，海拔1258.1米。始建于1947年，1949年农历四月竣工（但各层楼未铺楼板）。坐西北朝东南，以大块料石为基础，砖木结构庑殿顶建筑。长5.14米，宽4.64米，墙厚0.67米，高10米，占地面积9.78平方米。层高2米，共4层（仅修好碉楼外墙，未装修各层）。四面墙上均有观察孔和射击孔，修碉楼目的为防匪患。中华人民共和国成立后曾作农会关押犯人及生产队保管粮食处所等。

1 蒋家碉楼现状
2 蒋家碉楼射击孔
3 蒋家碉楼侧面

钟山碉遗址

钟山碉遗址位于安顺市西秀区七眼桥镇塘房村南小山岩上。地理坐标为东经106°2′33″、北纬26°18′3″，海拔1369米。始建于20世纪30年代，是为抗击日本侵略者而修筑的军事设施。坐东南朝西北，占地面积38平方米。损毁前平面呈长方形，现仅存阴刻"钟山碉"文残碑及碉体石块和上山石踏步。残碑宽0.45米，厚0.15米，高0.65米，每字0.0225平方米。目前，该村在遗址上新建一五角攒尖顶钢筋混凝土凉亭。残碑在凉亭东面。

1. 钟山碉遗址远眺
2. 钟山碉遗址门额残碑
3. 钟山碉遗址上新建凉亭

名人故居

陈蕴瑜故居

陈蕴瑜故居位于安顺市平坝区天龙镇天龙村郑家桥至滇黔公路（大街）南侧约30米的苑子头。地理坐标为东经106°9′24″、北纬26°21′18″，海拔1334.4米。始建于1923年。坐西北朝东南，占地面积290余平方米，建筑面积193平方米。为一正两厢一照壁的典型屯堡民居，石木结构穿斗式悬山顶建筑。陈蕴瑜是1938年5月率部参加徐州会战的砀山战役，在台儿庄战场上身先士卒，痛歼日寇，为国捐躯，忠骨无收，并先后荣膺国、共两党"烈士"称号。现为爱国主义教育基地。2009年安顺市人民政府将其评为市级文物保护单位。

| 1 | 2 |

1　陈蕴瑜故居大门
2　陈蕴瑜故居厢房隔扇门

近现代遗迹

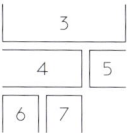

3　陈蕴瑜故居正房（东南—西北）
4　陈蕴瑜故居莲花纹窗花
5　陈蕴瑜故居鱼纹窗花
6　陈蕴瑜故居正房大门木刻
7　陈蕴瑜故居石柱础

碑刻

山林禁止碑

山林禁止碑位于贵安新区高峰镇王家院村青鱼塘组龚家坟地东北面小河边。地理坐标为东经106°23′10″、北纬26°23′59″，海拔1234.4米。坐西南朝东北，占地面积0.81平方米。立碑时间为民国六年（1917年）二月十九日。碑为青石质，方首，宽0.54米，厚0.15米，高0.94米。碑首横向楷书阴刻"山林禁止"4字，每字6厘米×6厘米。碑文8行共72字，满行12字。内容要求村人保护山林树木，禁止乱砍滥伐，违者罚款若干，当地村民自觉遵守。

1	山林禁止碑近景
2	山林禁止碑远景

王官庄乡规碑

　　王官庄乡规碑位于贵州省安顺市平坝区羊昌乡本寨村王官庄组王培信住房右山墙下（原立于村头大柏树下）。地理坐标为东经106°23′10.7″、北纬26°18′30″，海拔1263米。王官庄村民立于1913年。坐东北朝西南，占地面积0.04平方米。碑为青石质，方首，宽0.49米，厚0.07米，高0.8米。额题"永垂千古"4字，每字45厘米×45厘米，碑文楷书阴刻，12行，满行18字，共计200余字。记"各种松楂杂树，禁止偷伐烧砍。寨边风水竹木，河茵坎柴茨更严。田茵五谷瓜豆，各色小菜尤关。纵放猪牛马踏，拿获莫怪反颜"等乡规。违者罚银一两二钱；拿获者赏五钱，见报者赏一钱，烧山砍木，开挖后尤加倍处罚。该碑对研究当地的民风民俗有一定参考价值。

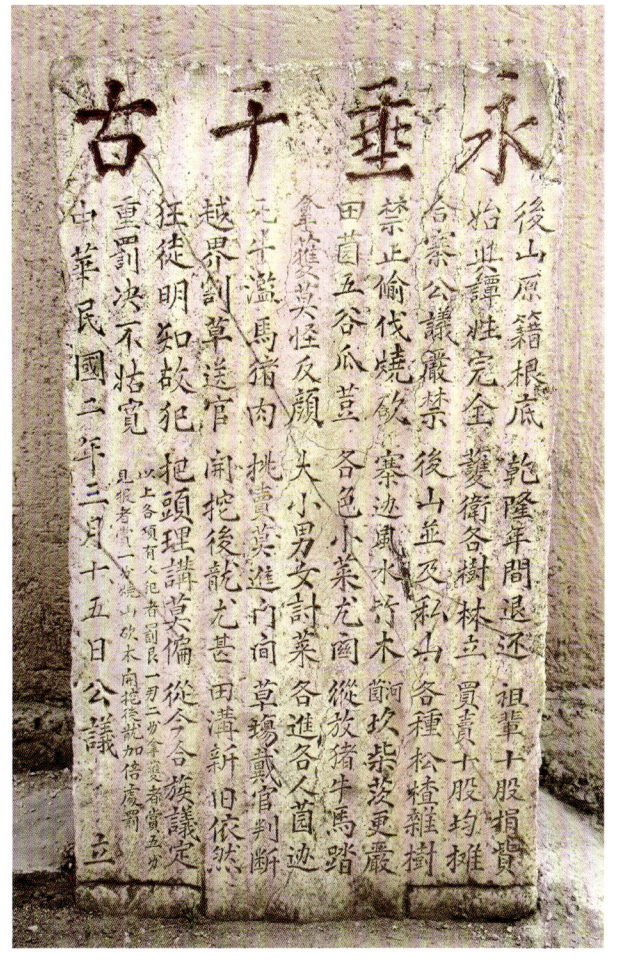

1	
2	

1　王官庄乡规碑全貌
2　王官庄乡规碑周边环境

戏楼碑

戏楼碑位于贵安新区党武镇大坝井村西。地理坐标为东经106°36′55″、北纬26°24′46″，海拔1187.3米。方首，宽0.71米，厚0.13米，高1.4米。首题"勒碑为记"4字，每字8厘米×8厘米。碑文楷书阴刻，16行，25列，共计340字。记大坝井村关、陶、李三姓农民捐资"建戏楼、玩花灯"事。

1 戏楼碑远景
2 戏楼碑断碑

新寨禁碑

新寨禁碑位于贵安新区马场镇新寨村新寨组东面石拱桥南侧20米处（原立于古井右侧，后移至古井坎上路边）。地理坐标为东经106°30′38″、北纬26°19′2″，海拔1243.6米。立碑时间为民国八年（1919年）。占地面积0.54米。青石质，方首，碑额横向阴刻大楷"禁碑"二字。碑宽0.6米，厚0.12米，高0.9米；碑脚长0.2米，高0.9米，宽0.38米，厚0.12米。碑文内容主要是要求村民爱井、护井的乡规民约，8行共79字，满行字数10字，竖向小楷阴刻。落款处为"民国八年四月吉日合寨人等公立"。现古井已废置不再使用。

1 新寨禁碑全貌
2 新寨禁碑现状

考古人说贵安

牛坡洞考古记

付永旭

(中国社会科学院考古研究所)

贵安新区马场镇高峰山脉以东，是一片开阔的山前平原，马场河在这里自南向北蜿蜒而去，自然环境十分优越。马场河两岸的布依族村寨星罗棋布，其中在河东岸有一座名为龟山的小寨子，隶属于平寨村。寨子东行约200米有一座东西狭长的孤山，形似一头侧卧的牛，当地人习惯称其为"牛坡"，上有山洞，被称为牛坡洞。

2011年秋，由贵州省文物考古研究所、中国社会科学院考古研究所和平坝县文物管理所联合组成的考古调查队来到平寨村龟山组的牛坡洞进行调查。当看到洞内岩壁上胶结的陶片、石器、兽骨、螺壳以及古人用火留下的木炭等遗物时，在场的所有专家都很兴奋，他们一致认为这是一座保存状况较好的旧石器时代晚期至新石器时代的洞穴遗址，具有重要的学术价值。遗址是由A、B和C三个洞穴组成。A、B两洞位于东麓，A洞位于北侧，洞口朝向东北；B洞位于南侧，洞口朝向东南；C洞位于西麓，洞口朝向西南。以A洞最为宽敞，宽约8米，进深3~7米，即当地人所谓的牛坡洞。

中国社会科学院考古研究所、贵州省文物考古研究所和平坝区文物管理所组成的联合考古队于2012年10月开始对遗址进行正式发掘。随着发掘工作的展开，对牛坡洞遗址的了解也逐渐深

1 牛坡洞遗址发掘

入，遗址发掘的重要意义也开始显现。

在距今10000年前的欧亚大陆上，发生了一场意义深远的新石器时代革命，促使人类社会开始从旧石器时代迈入新石器时代，一系列新的文化因素开始萌芽并迅速发展，如陶器和磨制石器的出现、农业的发生等。根据地层的叠压关系以及中国社会科学院考古研究所^{14}C实验室对牛坡洞遗址样品的测试，判断遗址最早大约在距今12000年以前开始有人类居住，一直延续到距今3000年左右，甚至更晚。牛坡洞遗址所处的时间范围，恰好在新石器时代革命发生的时候，意义十分重要。

根据遗址发掘和初步的研究成果，牛坡洞遗址大致可分为前后相继的五个时期，既可能是同一个人群在这里持续居住生活，也可能是不同时期有不同的人在这里栖息。目前可以确定的是最早的牛坡洞人，使用的工具主要是一种硅质含量较高的石灰岩砍砸器，有时候还使用同样的石料剥制石片制作小型工具。日常食物除了采集植物果实之外，还狩猎水鹿、水牛、赤麂、梅花鹿和野猪等野生动物。年代可能在距今12000~10000年。

随着社会的发展，大约在距今10000~9000年的时候，牛坡洞人的工具加工技术和能力以及原材料的遴选水平均有比较显著的提升，燧石开始成为制作工具的主要原料。虽然有时候还使用砺石砍砸器，但是其原料已不再局限于石灰岩，大型燧石砍砸器开始出现。大部分的燧石工具，是一种细小的打制石器，如刮削器、砍砸器等。

2	
3	4

2　万年前的牛坡洞人
3　清理墓葬
4　探方发掘

典型的细石核、细石叶也开始出现，这表明石器加工技术已经达到相当高的水平。磨制精美的骨器成为这一时期新出现的工具。当时是否出现农业，目前还没有确切的证据。但显而易见的是，狩猎采集仍占据主要地位。遗址中发现的大量动物骨骼，主要有水鹿、梅花鹿、熊、猪、水牛、小麂、赤麂，甚至还有大型食肉动物——虎。也许经常性面临食物短缺，也许有什么其他原因，牛坡洞人除了消费猎获的动物的肉，还把动物骨骼砸碎，获取其中的骨髓。遗址中发现的炭化果核和被认为是加工坚果的工具，证明这一时期还流行采集和食用坚果类食物。最重要的收获是发现了墓葬，这就使我们可以真切地了解这一时期牛坡洞人的模样。

当进入到距今8000~5500年时，通体磨制精美的石器开始出现，主要是石斧。这是一种农业工具？伐木工具？抑或是狩猎工具？尚需要进一步的研究。此时本该出现的陶器，仍未有明确的迹象。大量发现的动物骨骼，昭示着牛坡洞人的食物来源仍以狩猎为主，可能伴随有家养动物。截至目前，未见到农业出现的证据。

在进入牛坡洞遗址第四个时期的时候，陶器终于出现。虽然数量较少，器类比较简单且破碎严重，但器形比较规整，烧成火候也比较高，显示出比较高的陶器制作技术。

最后，可能已经进入了历史时期。牛坡洞仍有人类活动，并遗留下一些相对晚近的陶片。

通过发掘，对牛坡洞遗址三个洞穴的关系及其功能有了初步认识。根据遗址中出土的遗物推断A、B两洞应被同时占用。A洞出土大量动物遗骸，较多加工坚果类食物的石锤以及炭化果核，推测其应为当时的主要生活区。B洞出土大量的细小打制石器以及石屑、断块、石核等石制品，推测其可能是当时加工石器的场所。另外，在B洞口外左侧发现数座墓葬，可能还是一个墓葬区。C洞的文化堆积较浅，从出土遗物看，该洞可能与A、B两洞同时使用，但应非主要活动场所。

牛坡洞遗址发掘意义深远，第一，在文化层中出土了数十件典型的细石叶、石核，此为该时期贵州地区所仅见。第二，我国西南地区旧石器时代晚期至新石器时代早期含有"小石器"或"细小石器"的遗址数量众多，但极少发现小型石器或细小石器与细石器技术共存的遗址，牛坡洞遗址的发现将为探索我国西南地区细石器工艺的出现与分布，讨论贵州史前人类的生存模式提供新的研究方向。第三，遗址中新发现的墓葬，填补了长期以来贵州地区洞穴考古中不见墓葬的空白。

长期以来，贵州地区新石器时代遗址，尤其是洞穴遗址的考古发现和研究相对薄弱。牛坡洞遗址的发掘与研究，对于我们认识贵州地区史前文化特征和内涵，构建该地区史前文化，特别是洞穴遗址考古学文化的基本框架和序列，确立贵州在中国史前文化中的地位，探讨整个黔中地区的洞穴遗址、贵州史前史、云贵高原地区的旧石器—新石器时代过渡、史前人类行为模式、人类体质、古代环境及其变迁和人与环境间的互动关系，都有十分重要的意义。

在山丘与平坝之间的文明

吕红亮

（四川大学历史文化学院）

越过山丘，依然是山丘。山丘之间，是平坦的坝子。坝子上星罗棋布散落着村寨和形状各异的农田。一年四季，除了农田的色彩在季节间变换外，山丘一直若无其事的绿着。时间如同山丘之间的河流，缓慢而悠长。这是位于中国西南山地腹心地带的贵州省中部的平坝和安顺之间的区域。如今被称为贵安新区。平坝，大概是人类对这片山丘之间漫延的沃地的珍爱；安顺，也可能是这片土地上的人对生活美好的愿景。

300万年以来，人类这一独特的物种，持续改造着景观和自己。如今，这片土地又进入了一个新的纪元。宽阔的车道纵横交错，高楼大厦拔地而起，高新科技园区正在如火如荼的建设，村寨被搬迁，农田被改造，山丘被开出豁口。在以"弯道取直"的气魄拥抱这样的未来新世界的时候，历史仿佛变得没有时间感。

然而，在上大学的时候，我已经记住了平坝飞虎山、清镇汉墓。我们相信，黔中的平坝中和山丘间，一定有更多的历史印迹。几年前，我们和贵州省文物考古研究所的同仁们一起手持地图，走访每一个石灰岩山洞勘查每一个被挖掘机开出的土层断面时，一连串的考古遗址被发现。在时间感急剧消失的土地上，我们再一次真切地感受到这片土地几万年以来的人文脉搏在我们的考古地图上急促跳动。它代表的是人类在这一片土地上独特的生存经验，也构成了当今历史的一部分。

喀斯特地貌的名称虽源自南斯拉夫，却在中国西南山地表现得最为淋漓尽致。而贵安新区正处在此种独特地貌的核心区域。看不见的地下河道和地表水流将这一区域的石灰岩蚀刻成峰林、孤峰、残丘，也发育出了大小不一的洞穴。人类在非洲的旷野站直了下肢后，就持续不断地寻

1　山间平坝

找新的领地。在一波未平、一波又起的迁徙历史中,洞穴显然对石器时代的狩猎采集者产生了强大的吸引力。在华北,是北京周口店;在华南,是黔西观音洞。而考古学一百多年的经验告诉我们,贵安新区的洞穴也一定是人类不会轻易错过的。经过普查,贵安新区的洞穴数量有上百处,而其中60%有史前人类活动遗迹!这些掩藏在山丘坡麓的洞穴,宛若平坝上的村寨,构成了这片土地最早的人类栖居样态。层层叠压的火塘,屈折下肢的墓葬,磨制精细的骨器,种类繁多的野生动物,等等。位于高峰镇岩孔村的招果洞的考古发现,将以鲜活的例子告诉我们,他们的活动领地有多大,他们以什么为生,他们何以在上千年的时间河流中保持着一种看似极为稳定的生活样态。我相信,随着考古学家的持续努力,贵安新区的喀斯特洞穴,将成为东南亚较有潜力的考古

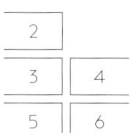

2 小盆地中的三处洞穴遗址
3 山间盆坝
4 蜿蜒穿过盆坝之间的河流
5 穿梭于山丘平坝间寻找洞穴
6 这样一个不起眼的洞穴,史前人类依然在此生活过

区域之一，也将为人类史前生存之道贡献独特的经验。

在广泛发育的喀斯特洞穴中的狩猎采集者之后，我们遇到了黔中地区人类活动史上最不明朗的时刻。时间在距今7000～3000年似乎停顿了，仿佛有人蓄意将无字史书最重要的页码撕掉了一样。在同时期，西亚进入了人类历史最为瞩目的时刻，农业扩张，早期文明崛起；中国北方地区进入了仰韶文化的繁荣期，继之龙山文化时代的文明前夜。这富饶的地域难道是无人之地？考古经验再一次告诉我们，这个"尴尬"的时段乃是因为调查和发掘的密度不够，在那些山前的坝子中，在被农田、水塘、村寨占据的地方，一定有着与中国北方完全不同的聚落，而黔中山地的文明演进也必然有着自己独特的节奏，在进入帝国历史的道路上，这片乡土自有其尚不为人知的故事。这个故事或许过于朴素，却可能是孤本。

历史在汉代设郡的大一统浪潮中似乎重新鲜活起来。贵安新区境内调查发现的魏晋南朝至宋明时期古墓葬70余座，出土了大量的珍贵文物，展现出这片土地在帝国的边境中与大历史交汇的多彩面相、等级、身份、礼俗，认同通过器物的赏赐、贸易、模仿，以错综复杂的关系讲述着中心与边地互动的历史。在汉文文献中那些语焉不详的政权和人物，通过考古学的发现和研究日益丰满。

黔中石灰岩山丘围绕的平坝，是现今贵州最具生机和活力的地方。在憧憬一个全新的未来的同时，我们或许也应该回头打量，这片土地经历过什么样的历史，正在过什么样的生活，我们受制于何种环境中，又怎样得益于这片环境。文化从来都不是累赘，考古也从来都不是与现代无关。在四通八达的路网中，或许明白了从何处来，我们才能确定要向何处去。在享受着经济增长带来的富裕和丰饶中，这片土地给予我们的文化也必将给予我们精神的启迪。

大汉一统

李二超

（贵州省文物考古研究所）

两千年前的一天，西汉武帝一道政令——开拓西南夷，于是，贵州逐渐纳入汉王朝版图，自此，贵安新区的历史翻开了新的一页，迈开了本地少数民族与中原迁徙而来的汉民族既对抗又融合的步伐，并一步步形成了贵安新区今日的风貌。我们的考古工作者通过精心的考古调查与发掘，逐渐揭开了汉代贵安新区神秘的面纱。

一、探索与发现的道路

这一切都要从20世纪50年代的羊昌河灌溉工程谈起。20世纪50年代，国家刚刚稳定，内忧外患，需要发展生产，兴修水利就显得尤为重要，羊昌河灌溉工程应运而生，施工队浩浩荡荡，忽然，一坑文物暴露在大家面前，随即，驻守工地的文物工作者开始了清理保护工作，于是贵安新区的汉代遗物第一次进入公众视野。

正是基于羊昌河发掘的经验，考古专家又对这一区域进行了深入的调查研究，发现了大量的古代墓葬，并发掘了平坝的金家大坪及其周围的老鸡场、尹关、夏云、天龙，以及与清镇交界的新新桥、珑珑坝、余家桥、放牛坡、花园等处的墓葬，一层层拨开了贵安新区汉代文化的面纱，为我们呈现了当时的社会生产生活状况。

二、丰富多彩的地下世界

我国古代人们认为灵魂不灭，有一种事死如事生的观念，认为当人死后，灵魂会到另一个世界继续生活，因此每当有人离世，其家人就会将死者生前使用过的东西一起埋入墓内，不能放入墓葬内的就做成模型，让死者在另一个世界丰衣足食，逐渐就形成了一种随葬风俗，于是在墓葬随葬品中就出现了与现实生活相对应的生产生活用品。因此，墓葬就成了当时现实社会的一个缩影，考古专家迄今为止发掘的汉代墓葬，有的是砖室墓，有的是土坑墓，有的墓葬随葬品摆满了整个墓室，有的墓葬随葬品则寥寥无几。可能是当时有钱有权的人家就有能力享用高端奢侈品，使用釉陶罐、釉陶壶、青铜釜、青铜灯、青铜水注等，佩戴水晶珠、玻璃羊坠、琉璃耳珰等，修建豪华住所，使用的建筑材料都是带图案的画像砖，画像砖上画有两面坡顶房屋、人拉牛车，满满的幸福感。而没钱没权的人家就只好住土坯房喽，使用普通的陶罐、碗、壶等，不过也不是完全这样，墓葬的修建还受到当时的建筑技术及社会生产力等因素的影响，但还是从侧面反映出了当时社会的贫富分化、阶级差异。

三、民族融合与涉外交流

在贵安新区发掘的这些墓葬及其出土的随葬品，无论是生活用品还是装饰品及墓葬的建筑方式，无疑都带有很强的中原地区汉民族特征，都说明了自汉武帝开拓西南夷开始，对当地的衣食住行用逐渐受到汉文化的影响，并趋向汉化，同时也部分地保留了本地风俗的精华，为本地区引进了中原地区先进的文明，显著提升了当地的生产生活水平。

提起玻璃、水晶等制品，大家的第一反应都会认为是近现代工业文明的产物，那么就大错特错喽。其实，这些早在三千年前已经被生产出来了，而且对于玻璃的产生，还有一个美丽的传说：很久很久以前一个阳光明媚的日子，有一艘装有许多天然苏打晶体的腓尼基人的大商船来到地中海沿岸的贝鲁斯河河口，船员们对于这里海水涨落的规律并不熟悉，当大船走到离河口不远的一片美丽的沙洲时便搁浅了。被困在船上的腓尼基人索性跳下大船，奔向这美丽的沙洲，一边尽情嬉戏，一边等候涨潮以便继续行船。中午到了，他们决定在沙洲上埋锅做饭，可是沙洲上到处是软绵绵的细沙，竟找不到可以支锅的石块。有人突然想起船上装的天然苏打晶体可以使用，于是便用这些晶体充当石块垒砌锅灶，抱来木材生火做饭。当大家吃完饭收拾餐具准备回船时，有人忽然发现锅下沙子上有种东西晶莹发光，大家以为发现了宝贝，就把它收藏了起来。其实是在烧火做饭时，支着锅的苏打块在高温下和地上的石英砂发生了化学反应，形成了玻璃。聪明的腓尼基人意外地发现这个秘密后，很快就学会了制作方法，然后将玻璃制成大大小小的玻璃珠赚钱，之后埃及等国也逐渐掌握了玻璃的制法，并不断向外传播。

只是到了汉代，像玻璃制品等世界各地的物品才逐渐进入我国人民的生活，虽然只有少数人才有机会拥有，但是无论怎样，我们能在贵安新区这片希望的田野上有幸发现，并展示于公众，得益于千年前的大汉王朝能够一统神州大地，富国强兵，发展外交，开拓丝绸之路，将千万里之外的文明带回这片热土。

1 夏云尹关、母猪龙潭墓地出土琉璃耳珰
2 夏云尹关、母猪龙潭墓地出土铜环
3 金家大坪 M1 出土画像砖
4 金家大坪遗址出土釉陶碗

浅谈千年文物　品味那时马场

赵小帆

（贵州省文物考古研究所）

马场是迄今为止贵州省发现的东晋南朝墓葬分布最为密集的地区。1965~1966年，贵州省博物馆考古组在马场镇清理了16座东晋南朝墓。这批墓葬分布于马场的万人坟、熊家坡和大松山。发掘出土了精美的青瓷器、极具地方特色的金银饰品以及用途不一的铜器、铁器，填补了贵州省东晋南朝考古的空白，具有重要的历史研究价值。墓中清理出的沧桑素朴的陶器、精美淡雅的青瓷、精致考究的茶具、古朴的砚台水注、琳琅的金银饰品——见证着这片土地往昔的历史。

一、稚雅青瓷　品味生活

马场出土的青瓷器是东晋南朝墓葬出土青瓷器中的典型器物，造型美观，烧制精良，代表着当时较高的青瓷器制作水平。这些出土的青瓷器很可能是自长江中下游迁徙而来的墓主人带来的心爱之物。从全国的考古发掘看，长江中下游是当时南方的政治、经济、文化中心，又是世家大族聚集的地区。以南京为代表的长江中下游地区，考古发掘出土的世家大族墓葬，墓葬规模较大，随葬品奢侈考究，真实地反映了历史上魏晋南北朝时期世家大族所享受的豪门生活。

堆塑莲花青瓷罐，无颈，腹部圆鼓，罐底平坦，肩部有桥形系六个。其腹部堆塑了双层倒垂的莲花瓣一周，外层莲花九瓣，瓣尖向下微翘；内层莲花瓣夹于外层每两瓣莲花之间。器身青黄色釉，莹润清澈，片片莲瓣看上去层次丰富、生机盎然。莲花纹饰在佛教以及佛教艺术中是有特殊地位的，其亭亭玉立、出尘脱凡的特性，与佛教提倡"超脱尘世"的出世思想极为吻合。

青瓷鸡首壶，因壶嘴造型似鸡首状而得名。鸡首傲然昂立，壶的腹部似鸡身，鸡尾演变为壶柄，造型活灵活现，装饰效果极佳。青瓷鸡首壶是当时仿动物流行时尚的一种表现。

青瓷蛙形水注，水注上的青蛙，作蹲伏跳跃状，两眼突出。蛙背上面中央有一个圆筒状的小口，蛙身中部是空的，可以用来盛水，书案之上放置水注，方便研墨时加水。器表颜色为黄绿色，形体较小。水注也称"水滴""砚滴"，是古代文人研墨时用来装水、滴水的文具，有嘴，一般注水于砚面供研墨之用。为这一小小的功用专门制作的器具却如此煞费苦心，小巧精致，可见当时人们生活的品位和品质。

二、香远益清话茶器

从平坝马场出土的东晋南朝时期器物看，与茶文化相关的器具得到快速的发展，这一变化应与当时的社会风尚和士族的生活品质和品位息息相关。

"寒夜客来茶当酒，竹炉汤沸火初红"，诗人在一个寒冬之夜，与朋友相对而坐，以茶代酒，欢叙旧情。所谓"弹琴阅古画，煮茗仍有期"，又有"戏作小诗君一笑，从来佳茗似佳人"，饮茶这一平常事变得充满诗情画意。上至历代皇帝，下到普通百姓，都喜欢饮茶。文人骚客更是知茶、爱茶、嗜茶。品茶一直被文人当成一种高雅的艺术享受，既讲究泡饮技艺，更注重情趣。

铜铛出土的数量很少，为三蹄足，外壁饰五周凸弦纹，底内是双鱼纹，高9.4厘米，口径20.8厘米，底径18.5厘米，足高4厘米，器内饰双鱼纹。据宋人张伯玉《后庵试茶》有"小灶松火燃，深铛雪花沸，瓯中尽余绿，物外有深意"的诗句，证实铛是煮茶用具。用法是铛内盛水，将壶置于铛内，下置火盆。

铜盏托在马场出土了两件，由杯和托两部

分组成。托呈盘状，圈足底，托内凸起一圆形托，盏恰好与托盘之间的托套合，上有盖。从全国的情况看，瓷盏托多见，铜盏托很少。平坝出土盏托的形制与今天成都地区流行的"盖碗"很相似。

三、地方特色　素朴可爱

马场东晋南朝墓出土了大量金、银、铜、玛瑙、琥珀、水晶、玉、琉璃各种质地的装饰品，其中的金、银质簪、钗等饰物出土较多。玛瑙、琥珀、水晶、琉璃等小件配饰多为简单、随意刻画的小动物形象，小巧可爱，很富生活气息。出土的金花饰片头饰共计100多件。这些饰品形体较小，轻薄，呈圆形、方形或扇形，与其他地方发现的镶有多种宝石的金花饰片相比较朴素，但它们图案对称，具有装饰性，极富地方特色。

1　马场六朝墓出土铜盏托线图
2　马场六朝墓出土铜铛线图
3　马场六朝墓出土青瓷蛙形水注
4　明代王问《煮茶图》（嘉靖三十七年，1558年）局部（台北"故宫博物院"藏）

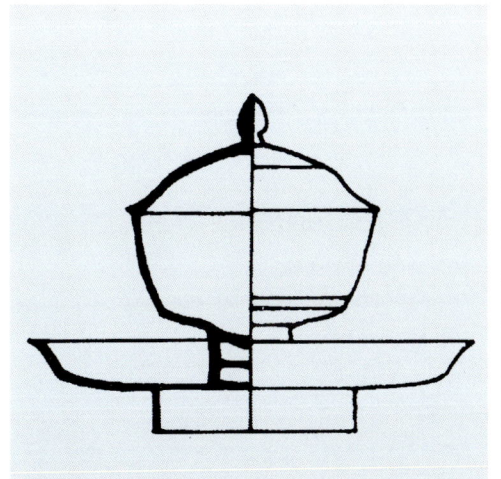
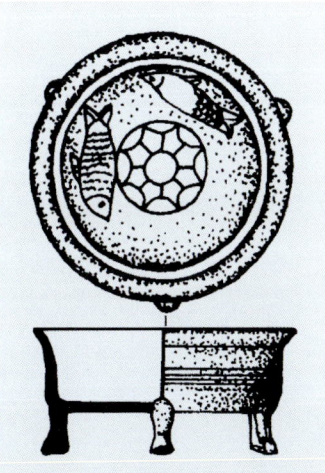

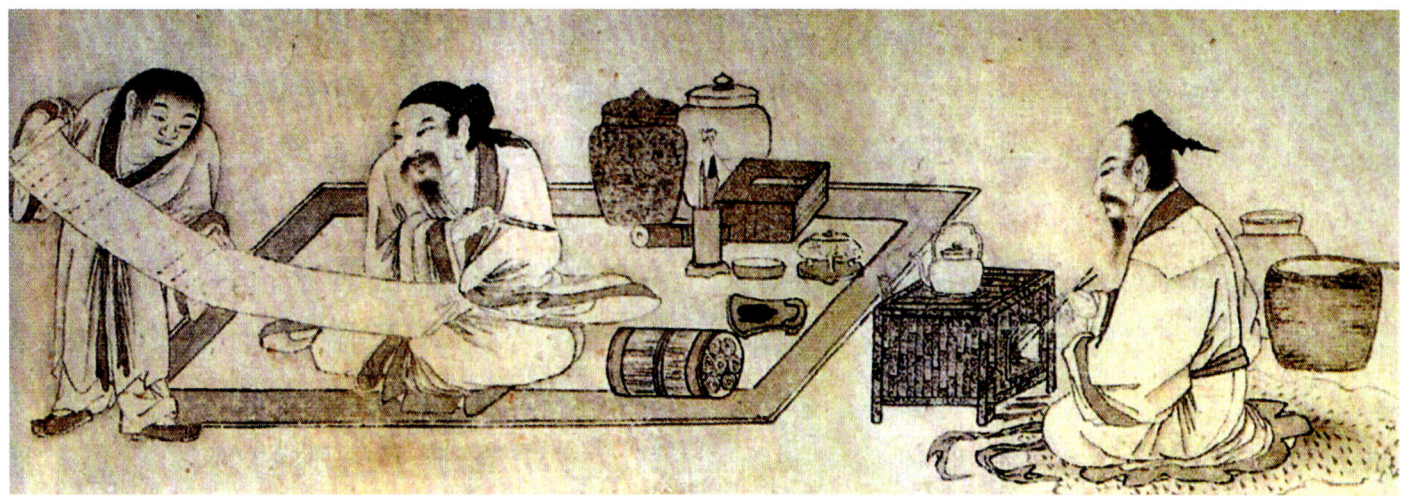

"四海如一家"
——从考古学角度浅析唐代对贵州地区的开发

韦松恒

（贵州省文物考古研究所）

八月末，冷空气南下，淅淅的雨飘着，南方地区气温骤降，而门前的紫薇团簇，花瓣散了一地，秋就这样毫不客气地推门而入！千余年前的盛世大唐是否也如冷空气般扩张？或许是的。唐盛时，其域东起日本海，西抵西海（今咸海，一说里海），南至罗伏州（今越南河静），北达玄阙州（今俄罗斯安加拉河流域），疆域或逾万平方。彼时唐朝兴盛，与汉并称"汉唐盛世"。

从考古学角度看，汉代遗存分布范围极广、遗存亦具有极大的相似性，贵州境内目前已在黔西北的赫章、威宁，黔东北的沿河、务川、道真，黔北的仁怀、习水、赤水，黔中的清镇、平坝、宁谷，黔西南的贞丰、兴仁、兴义等地均发现了大量的汉代砖室、土坑、石室墓及崖墓，有趣的是，几类汉式墓葬的形制、特征大多与汉代其他地区墓葬具有较大的相似性。同时在赫章可乐、安顺宁谷发现了大型汉代遗址。

相较之下，盛唐时期，唐太宗主张"视四海如一家，封域之内，皆朕赤子""夷狄亦人耳，其情与中夏不殊"，并以此思想经营边疆，积极向四夷扩展。唐初对贵州之地多有政策，唐开元二十一年（733年）又分全国为十五道，贵州地区属黔中道及剑南道，但似乎唐朝的边疆政策收效甚微。目前贵州地区能确认的唐代遗存似乎仅在贵安新区马场镇有所发现。

1965年底至1966年初，贵州省博物馆于平坝县马场镇附近发掘了古墓34座，墓葬年代上自东汉下迄宋明，延续时间之长乃贵州罕见。尤为值得注意的是，这批墓葬中包含了目前贵州地区仅见的3座唐代墓葬。

3座唐墓，一座砖砌，两座石筑。砖砌墓整体形如圭形，分墓室及墓道，墓道封门外前端横向砌筑砖墙一道作翼墙。东、西、北三壁均为单砖相错平砌，至1米高处便从每壁中点往两端斜上方铺砌五行，然后又是平砌，四隅券进，汇于正中成穹隆顶。底部以二横二纵平铺为主。此砖室墓与他处唐墓相似，如湖北襄樊伙牌镇魏M1等。两座石室墓，形制较小，深挖墓穴，后以石块垒砌而成，墓葬内侧平整、外侧粗糙，墓中安葬逝者并附随葬品。两座石室唐墓与马场所见更早的南北朝墓葬基本一致，或许更多的是承袭当地葬制而来，因此，此类墓在东汉时期即已开始出现，并在宋明时期继续沿用。1958年12月至1959年4月，在清镇与平坝交界处发掘的清镇M83即为此类石室墓，黔中宁谷、黔西甘棠等处在东汉中晚期亦发现了刀形券顶、长方形竖穴土坑类石室墓葬。两座石室墓中虽见唐文化遗物，但两墓或许更多的是唐文化与当地文化相结合的产物。

墓葬之内出土有典型唐代遗物，如带系青瓷罐、花瓣形铜镜、海兽葡萄铜镜等，带系罐自南北朝时期开始流行，并延伸至唐墓中，在广西巴东一座南北朝时期墓葬内曾发现了形制相近者。花瓣形铜镜在唐代铜镜类型中属大宗，在唐墓中大量发现，在河南偃师杏园宋祯墓及李嗣本墓、河南焦作聂村M6中亦有发现，而海兽葡萄铜镜亦为唐代铜镜的一种典型，大量收录于《中国古代铜镜》的"唐镜"一章中。

由此，唐文化虽对贵州地区有所渗透，但其深度及广度等方面远未达到汉文化那般剧烈，这或许也与唐朝初年所定的边疆治理思想有关，李唐"视四海如一家"，重扩张、轻管理，故而早期强枝弱干，安史之乱后强干弱枝，直接导致边疆管理的松散、边患频仍，或许这也是在唐末播州为南诏所陷的间接原因。

无论如何，目前贵安新区马场镇所见的3座唐代墓葬仍是贵州地区所仅见的唐代遗存，其意义不言而喻。但是一类文化，不会凭空出现，成为一座文化孤岛，贵州唐代遗存也一样，其出现于黔中地区就一定会有其传播的路线，正如汉文化整体上沿江自北而南分布于贵州境内大江两岸一样，唐文化的传入也一定存在其特定路线。仅就目前而言，至少能看到唐文化在贵州传播带上的个别点，我们需要做的，或者说更切合实际的或许是从贵安新区马场镇这个点出发，寻找到唐文化在贵州地区传播线路。

秋日渐深，清冷的是身体，但是对文化探索的热情丝毫不减。

1 马场熊家坡墓地出土唐代铜镜
2 马场熊家坡墓地出土唐代带系青瓷罐
3 马场熊家坡墓地出土唐代铜镜

贵州处处有宋意

彭万

（贵州省文物考古研究所）

山外青山，楼外楼，黔山秀水，尽风流；
黔地风物，皆古意，千年遗韵，竞灵秀。

贵州地处西南，东枕湖湘，西襟滇诏，南邻粤桂，北屏巴蜀，自古远离中原，文明割裂久远，但是历史不离华夏。殷伐鬼方，秦通僰道，蒙昧初开，戏称夜郎。汉置牂牁，唐靖矩州，宋祖赐名，洪武建省，王化始开，一体多元。

贵州是中国古人类发祥地之一，旧石器时代人类化石和远古文化遗存发现颇多。据现有考古资料，在贵州境内发现了大量的旧石器时代文化遗址，堪称中国旧石器的胜地。这说明贵州各族人民的祖先很早以前就在这块热土上繁衍生息，并在劳动生活中创造了灿烂的远古文化。贵州建省虽然只有600多年，但据历史文献记载，贵州的历史可以追溯得更远。

唐代，在今贵州地区推行经制州与羁縻州并行的制度，置播州、思州、矩州、蛮州等州，乌江以北多系经制州，乌江以南多系羁縻州。

宋代，贵州地域主要属夔州路，"贵州"名称也始于宋朝。据史料载，974年，土著首领普贵以控制的矩州归顺，宋朝在敕书中有"惟尔贵州，远在要荒"一语，这是以贵州之名称此地区的最早记载。

元代遍行土司制度，在今贵州境内的建置主要有：八番顺元等处宣慰司、播州宣慰司、思州宣慰司、新添葛蛮安抚司、乌撒乌蒙宣慰司、普定路、普安路等，分别隶属于湖广、四川、云南三行省。

而明代是贵州历史发展上的一个重要时期。明永乐十一年（1413年）设置贵州承宣布政司，贵州正式成为省一级的行政单位，并以贵州为省名。废思州宣慰司与思南宣慰司，保留水东土司与水西土司，同属贵州布政司管辖。明末，贵州布政司领贵州宣慰司及贵阳、安顺、平越三军民府并都匀、黎平、思州、思南、铜仁、镇远、石阡七府。

清代前期，贵州的行政建置有较大的变化。雍正五年（1727年），将四川所属遵义府及其所属各县改隶贵州，将广西红水河、南盘江以北之地置永丰州，与广西的荔波、湖广的平溪和天柱一并划归贵州管辖。至此，贵州的地域基本形成。

宋明时期，中央朝廷在贵州行羁縻土司之制，留下了丰富的历史遗存。但今贵安新区由于过去考古工作开展较少，发现的考古材料也十分有限，周边地区文化面貌也不明确。目前在平坝、清镇发现的宋明时期遗存主要为墓葬，以竖穴土坑墓、石室墓、岩洞葬为主。

目前贵安地区发现的竖穴土坑墓均为长方形，多为长3、宽1、深0.3米左右的小型墓，墓上有封土。墓内葬具不存，骨骸多已朽坏，但仍可辨明为仰身直肢葬，头均向墓口。墓葬中随葬品较少，每墓仅一两件，多者也不过十余件。女性墓葬以装饰品为主，有发箍、项饰、手镯、料珠等随葬，男性墓葬则以刀、矛等武器随葬。这类墓主要在清镇市芦荻乡发现，如M26、M28、M62等。

石室墓是贵州普遍实行的一种葬制，主要有两类：一类是带雕刻的石室墓，用石条砌筑，常使用券顶，多为双室墓，左右并列，墓内多做出石棺台、排水沟和壁龛，这些石室墓都有精美的雕刻，宋代通常有仿木构建筑构件，武士、墓主人像、四神、宴饮、妇人启门等生活场景，各种花卉、吉祥图案、伎乐和侍女等人物图案及各种活动。雕刻均较精美，内容丰富，多用浮雕、透雕、圆雕等工艺。例如，位于遵义红花岗皇坟嘴的播州杨氏13世土司杨粲墓，被誉为"西南石刻艺术宝库"。明代墓葬内装饰普遍衰落，仅残存少量的装饰，多为花卉、云鹤等装饰图案和吉祥图案，且有向墓外发展的趋势，即墓室内少装饰，向墓外装饰和墓前建筑发展。这类墓葬主要分布于黔北地区，经过考古发掘的墓葬也较多，资料较为丰富，以遵义播州土司墓葬为代表，等级较高，墓葬规模也较大，随葬品精美、奢华。另一类石室墓主要分布于乌江以南的贵州中部，贵安地区分布的石室墓也就是这一类型，通常当地人称为"苗罐坟"，为一种小型石室墓，随葬品也较少，为较低等级的墓葬。

石室墓在贵州分布范围较大，在贵安地区经发掘的石室墓主要分布于平坝马场坟坝脚和清镇干河坝。这类墓用规则不一的石块或石板构筑而成，规模较小，墓葬均系长方形石室墓，有的墓上保存有少量封土。墓葬内发现随葬品较少，主要有釉陶罐、陶釜、铜器、铁器、锡器、骨器、铜钱等，女性墓葬的随葬品以装饰品为主，有金银材质的发箍、手镯，琥珀串饰，料珠等，男性墓葬则以刀、剑等武器随葬。

岩洞葬，又可分为悬棺葬、岩棺葬和洞棺葬，是一种不入土的葬俗，分别将棺木放置于悬崖峭壁之上，或搁置在岩坎之上，或堆放在洞穴之中。这类墓在贵州的分布范围也较大，在黔东、黔南、铜仁、安顺等地均有分布，目前发现的岩洞葬亦有数千座，并做了一些清理，1987年发掘的平坝"棺材洞"就是其中之一。

平坝"棺材洞"面积约1100平方米，可确认的棺木有567座，这些棺木均放置在临近洞口通风、见光、干燥的地方，洞内通常内高外低。棺木通常层层垒砌，为长时间积聚的结果，叠置形式为3至10余层，木棺形制主要有船棺、圆木棺、方棺、架棺、梯形棺等，随葬器物有瓷罐、瓷碗、衣物、梳子、骨簪、料珠等。

由于历史、地理因素的影响，整个宋明时期发现的墓葬呈现出明显的南北差异，贵州地区由于独特的喀斯特地理环境形成了石室墓和岩洞葬为主的墓葬格局，当然各地区之间也有一些葬制、葬俗的差异。黔北地区的石室墓多受四川地区的影响，形成以石板砌筑的较为规整的石室墓，墓葬雕刻较为精美，较为奢华，而黔中地区则形成了以石块或石板构筑而成的石室墓。黔北地区由于与峡江地区相接，沟深谷陡，天然洞穴较少，主要分布着悬棺，而黔中及黔南地区，岩溶地貌发达，天然洞穴众多，更利于洞棺葬的发展。一个地区葬俗、葬制的形成是民族、历史和环境相互作用的结果，更与人们的丧葬观念、信仰密切相关。

贵州宋明时期的考古研究还有很多问题，田野工作的薄弱是制约研究深入的关键，我们需要更进一步发掘和保护好考古资源，守护好我们的文化遗产，文化遗产保护的路还很长。

有人曾这样对唐朝与宋代做了一个比较，唐代犹如大家闺秀，大气瑰丽；宋代则如小家碧玉，婉约清丽。而黔地风物与宋代是如此的契合，黔山之秀，黔水之美，让人沉醉其中，流连忘返。千峰叠翠，留意处，皆宋意。

翻山越岭来找你
——贵安新区考古调查纪实

朱梅

（贵州省文物考古研究所）

地处黔中腹地的贵安新区，地势平坦，地理位置优越，自古以来，就是人类繁衍圣地。距今若干万年前，即是古人类劳动、生息、繁荣的重要场所。当世界许多地方还是一片荒芜的时候，这里已是生机勃勃。贵安新区独特的地理环境造就了不同于贵州其他地区的独特的文化面貌。贵州在魏晋至南朝时期，发现的考古材料目前仅有赤水崖墓、松桃悬棺、董箐电站、平坝马场四处；而唐代考古材料，仅仅只有马场唐宋墓一处而已。为了更全面地了解贵安新区古文化遗址点的分布情况，贵州省文物考古研究所进行了两次比较大规模的考古调查。

2013主要对马场境内的文物进行调查，调查工作历时30多天，取得了重要收获。在马场境内共发现各类文化遗产71项（含地下文物40处、地上文物27处、非物质文化遗产4项）。其中地下文物包括史前至商周时期的洞穴遗址28处、两汉至魏晋南北朝时期的墓葬和遗址4处、唐宋至明清时期的遗址和墓葬7处、近现代墓葬1处；地上文物包括洞屯及营盘遗址9处、寺庙2处、村落文化景观7处、古井古桥古塔及碑刻9处；非物质文化遗产包括苗族夫妻舞、布依族"六月六"等4项。

2016年3月中旬至4月初，由四川大学历史文化学院考古学系、成都文物考古研究院、贵州省文物考古研究所联合组队对贵安新区除马场镇以外的其他乡镇进行系统的考古学调查，主要调查史前洞穴遗址。在高峰镇、湖潮乡、红枫湖镇、党武镇境内都发现了史前洞穴遗址。此次的调查工作队伍庞大，主要分为两个分队。一队由成都文物考古研究院副研究员何锟宇及贵州省文物考古研究所的研究一室主任张兴龙负责，另一队由四川大学历史文化学院考古学系吕红亮教授负责。在此次调查工作中，又发现20余处史前洞穴遗址。其中高峰镇岩孔村的一个叫招果洞的遗址堆积保存非常好，从清理的剖面来看，该洞穴的文化层堆积至少有6米厚，最下层年代最少距今3万年左右。在清理剖面的过程中，我们采集到上万件石制品及大量的动物骨骼和骨器。

在此次的调查工作中，由于正处初春，冬日的寒意还没有完全褪去，夏日的炎热也遥遥无期；天空时而飘着毛毛细雨，时而狂风大作。由于现在贵州地区农村大部分人员都在外打工，所以调查大部分时候并没有民工，只有自己挖剖面。现在有的洞穴周围植被非常茂盛，部分洞穴要花上几个小时去开路，原来的路由于长时间无人行走，大部分被荆棘灌木封死。尽管这样，我们也不会放过任何一个可能有史前人类居住过的洞穴。

老乡是很热情的，我们在调查的时候，问他们"你们这有山洞吗？大不大，洞口距平地低不低"，老乡很热情的回答"有啊，以前有人住过呢，洞里面平得很，我带你们去看看"；然后我们就问"远吗？"他说"不远，最多十分钟就到了"。然后老乡在前面带路，我们就跟着他走，翻过一座山，我问"到了吗"，他说"翻过这座山就到了"。随后又翻过了一座山，路由于长期无人行走，很窄。路边全是荆棘，甚是扎人。最后又翻过了一座山，终于在另一座山的半山腰上看到了这个洞口，并没有像他所说的那样洞口位置距平地很低，我们费了很大劲爬上洞口，洞内也不大，洞内有中华人民共和国成立前当地居民在这"躲匪"居住留下的石磨等。由于这个洞穴的地理位置并不是很理想，洞口也比较小，我们洞口挖了好几处地方，并没有发现石器、陶片等遗物。但我们还是对老乡表示了感谢，临走时老乡还让我们去他家里吃饭，由于天还没黑，我们还有时间多跑一个洞穴遗址，所以我们谢绝了。

在野外的工作有时候很有趣，有时候是很辛苦的，对于在城里面长大的人来说，考古调查这种跋山涉水、风餐露宿的工作模式，很多都适应不了。但是尽管这样，还是有很多城里面长大的人出于对考古的热爱，从事着这份自己喜欢的事业。女孩们都是爱美的，有时候胆子也比较小。但是在野外工作的时候，女生们都成了真正的女汉子，顶着烈日，并不怕被晒黑，跟男生一样跋山涉水，打狗问路。很多时候，由于调查的地点离乡镇很远，很多时候中午饭就由司机开车去乡镇上给我们每人带一个炒饭，其中尤以蛋炒饭最为受欢迎。

虽然困难重重、条件艰苦，但是新发现的一处处遗址带给我们的乐趣是无穷的。我们翻山越岭，只为寻找人类曾经留下的足迹。

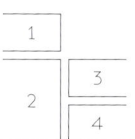

1　中午从来没有休息，终于有一天，在草地上睡着了
2　成都文物考古研究院副研究员何锟宇操锄挖剖面
3　找到了古人用来打制石器的原料，好开心
4　热心的老乡带我们来到这样一个洞穴

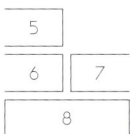

5 翻山越岭只为你，洞穴遗址
6 考古队员河边野炊，然而只有蛋炒饭加泡菜
7 考古工作人员在认真做记录
8 几万年前招果洞内的居民是否也会在洞口洽谈

与古人同行
——来一场说走就走的考古之旅

杨偲

（贵州省文物考古研究所）

总有朋友问我，"考古是做什么的？""贵州有什么可考古的？"起初我还能充满热情地给他们介绍和解释我认知的贵州考古，可是次数多了，我也只能对这些问题一笑置之。我想这也是公共考古的意义所在，满足大众形形色色的好奇心，同时传播正确的考古知识，也顺便晒一下考古人们辛勤劳动获得的小小成果。因而，我们开始从孩子们着手，给他们提供最真实可靠的信息和知识。于是，有了一场说走就走的考古之旅。

2016年夏天，一群充满朝气的"00后"走进了贵安新区招果洞遗址考古发掘现场。他们来自贵阳市两所著名的高中，其中有的是被铺天盖地的盗墓小说吸引，有的是从有考古遗址的家乡而来，他们都对考古产生了极大的好奇并非常喜欢考古。从贵阳市区到贵安新区招果洞遗址，有将近两个小时的车程，一路上小伙伴们热情高涨，让我仿佛回到了学生时代外出郊游的场景中，空气中充满了喜悦。

招果洞位于半山腰上，遗址发掘开工前，考古队在住所后的陡坡上披荆斩棘，开辟了一条小道，走的人多了，泥土都磨得光滑，路上一棵杂草都没有。学生们到达洞口可也是费了些力气的，而洞口的两个探方马上吸引了他们的目光，立马自觉地围在探方外。听考古领队张老师介绍了遗址情况和注意事项后，大家都兴奋地拿起了考古工具准备进入探方内，近距离体验考古工作。

紧握手铲，身体低蹲，有时甚至需要双膝跪地，考古队员就用这样最贴近黄土的姿势清理遗迹，也许一蹲就是好几个小时，一边用手铲轻轻地刮去浮土，一边还要注意观察土质土色变化，从一片黄土中及时发现遗迹的蛛丝马迹。学生们三五成群在一个探方内，学着老师的动作慢慢清理，有的发现了一块骨头，有的发现了几千年前的螺蛳壳，有的用刷子轻轻拂去八千年人类遗骸上的泥土，大家都因这从未有过的体验欣喜不已。还有的学生围在旁边，用准备好的黑曜石，学着用古人的方法打制石器，体会了原始人的生活智慧。

| 1 | 2 |

1 "与古人同行"活动中，贵阳第一中学的孩子们行走在田野中
2 下探方，寻找搁浅在时光细流中的记忆碎片

考古的体验还不止这些，一个多小时的发掘体验和古人生活体验过后，同学们来到了库房参观，两间不大的民房内，几个简单的货架，上面放着招果洞发掘出土的几万件文物标本。其中有骨制的鱼钩、几千年前动物骨头、经久不朽的骨器、打磨精美的石器等，大家大开眼界，赞叹不已。接着，同学们简单体验了其他考古方法：低空航拍和植物浮选，最后还见识到了传说中的洛阳铲（即探铲）。用探铲进行钻探，是考古调查的一个方法，用于寻找和探明地下古代文化遗存。每个同学都体验了探铲的使用，将探铲打入地下再提上来并不容易，要几人合作才能完成。时间慢慢流逝，最后一个体验活动也结束了，大家依依不舍地告别了这次异趣横生的考古之旅。

年轻的声音带着兴奋飘远了，考古队员还在探方里埋头苦干，未来又是无数个枯燥而又充满热情的日日夜夜，泥土做伴，书为友，纯粹惬意，生活如水一般，源远流长。

对于同学们，通过与真实文物的零距离接触，体验了一次考古队员的真实生活，枯燥乏味，却意义非凡。透过一件件古人遗留的器物，想象着古人类远古生活的艰辛。筚路蓝缕，以启山林，看似原始的技术，拙朴的工艺，却是今日先进科技的肇始。本次活动时间虽短，但可以预见，在不远的将来，参加活动的同学们即便不会成为考古工作者，至少会是文物保护的自觉践行者，这也是我们的初衷。

3 体验洛阳铲，我们要把地球打穿
4 认真地剥取石片，认真地修理石器
5 齐心协力，打一个时间的虫洞，让我们穿越千年的轮回
6 这就是洛阳铲吗？怎么这么难用，几个人都拧不动

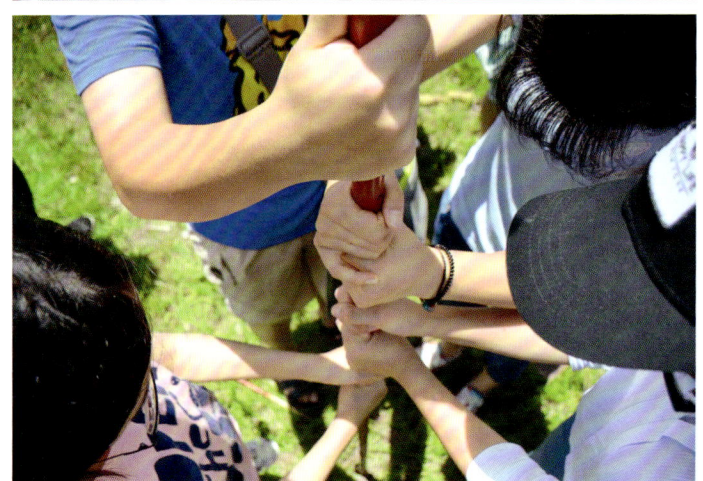

后 记

　　文化遗产保护，是一项贯穿于贵安新区建设进程的重要工作。贵安新区党工委、管委会及其相关部门对文化遗产的保护和利用一直高度重视，对文化遗产在贵安新区城市文化底蕴挖掘、文化形象提升、文化品牌打造等方面起到的积极作用有充分的认识和预期。从新区建设之初即把该项工作置于重要位置，并得到了贵州省文化厅、文物局的鼎力支持，贵州省文物考古研究所遂成了该项工作的主推者，并取得了瞩目的成绩，对贵安新区史前洞穴遗址和汉晋时期墓葬的发掘均取得了重大收获，牛坡洞遗址入选2016年"全国十大考古新发现"，后又斩获田野考古奖三等奖，招果洞遗址入选2018年"中国重要考古发现"。

　　随着文化和旅游的融合发展，对文化遗产保护和利用提出了新的要求。为了全面了解和掌握贵安新区文化遗产的资源底数和资源状况，更好地促进贵安新区文化遗产的有效保护和合理利用，加大对贵安新区的宣传，受贵安新区社会事务管理局的委托，贵州省文物考古研究所协同北京大学考古文博学院的师生，对贵安新区规划控制范围内的4县21乡镇，共计1795平方千米土地面积内的文化遗产进行了一次拉网式普查，并结合以往的工作成果，特别是第三次全国文物普查的成果，汇编成书。

　　本书所用第三次全国文物普查资料，主要由贵安新区原属的区县提供，直管区原属贵阳市花溪区管辖区域的三普资料主要由贵阳市花溪区文物管理所李梅所长提供，原属清镇市管辖区域的三普资料主要由清镇市文物管理所姚海英所长提供，原属安顺市平坝区管辖范围的三普资料主要由平坝区文物管理所文应峰所长提供，原属安顺市西秀区管辖范围内的三普资料主要由西秀区文物管理所曾芳所长提供。

　　贵阳市花溪区的第三次全国文物普查主要由三普培训班学员共同调查发现，贵阳市清镇市、安顺市平坝区、安顺市西秀区三普文物点主要由贵州省博物馆蔡回阳、吴天庄、宁健荣、甘霖清调查发现。

　　贵州省文物考古研究所参与编纂的人员有周必素、张兴龙、李奎、朱梅、史愍、闵凯、许国军。